Warnhinweis

Wickelkommoden & Wickelaufsätze

Alljährlich stürzen viele Kleinkinder in einem unbeachteten Moment vom Wickeltisch. Diese Stürze können weitreichende Folgen haben und wären sehr einfach zu vermeiden gewesen. Denn falls du noch wickelst, kannst du den Wickelplatz mit fortschreitender Entwicklung des Bewegungsdranges auch an einen weiter unten befindlichen Ort verlegen.

Je größer das Kind, desto unabsehbarer sind die Auswirkungen scheinbar nur kleiner, aber mitunter sehr heftiger Bewegungen.

Am sichersten ist es, das Kind am Boden liegend (Decke oder Handtuch unterlegen) und später auf deinem Schoß sitzend bzw. am Boden stehend zu wickeln.

Behalte beim Wickeln auf Wickeltisch, Wickelkommode oder Wickelaufsatz – zum Beispiel, wenn du nach einem feuchten Tuch oder nach einer neuen Windel greifst – stets eine Hand am Körper des Kindes!

Bibliografische Information der Deutschen Nationalbibliothek:
Die Deutsche Nationalbibliothek verzeichnet diese Publikation in der Deutschen Nationalbibliografie; detaillierte bibliografische Daten sind im Internet über http://dnb.d-nb.de abrufbar.

Hinweis:

Das Werk einschließlich aller seiner Teile ist urheberrechtlich geschützt. Jede Verwertung außerhalb der Bestimmungen des Urheberrechtsgesetzes ist ohne schriftliche Zustimmung des Verlags unzulässig und strafbar. Dies gilt insbesondere für Vervielfältigungen, Übersetzungen, Mikroverfilmungen und die Einspeicherung und Verarbeitung in elektronischen Systemen.

Alle Angaben erfolgen ohne Gewähr. Weder Autorinnen noch Verlag können für eventuelle Nachteile oder Schäden, die aus den im Buch vorliegenden Informationen resultieren, eine Haftung übernehmen. Befragen Sie im Zweifelsfall bitte Arzt/Ärztin, ApothekerIn oder TherapeutIn.

Markenschutz:

Dieses Buch enthält eingetragene Warenzeichen, Handelsnamen und Gebrauchsmarken. Wenn diese nicht als solche gekennzeichnet sein sollten, so gelten trotzdem die entsprechenden Bestimmungen.

1. Auflage	Dezember 2013
© 2013	edition riedenburg
Verlagsanschrift	Anton-Hochmuth-Straße 8, 5020 Salzburg, Österreich
Internet	www.editionriedenburg.at
E-Mail	verlag@editionriedenburg.at
Lektorat	Dr. Heike Wolter, Regensburg
Fachlektorat	Anna Rockel-Loenhoff, Unna
Illustrationen	© evarin20 – Fotolia.com
Fotos	Coverfoto Kleinkind: © Oksana Kuzmina – Fotolia.com
	Biedermeier-Kindertoilette auf Seite 44 © Caroline Oblasser
Satz und Layout	edition riedenburg
Herstellung	Books on Demand GmbH, Norderstedt

ISBN 978-3-902943-23-1

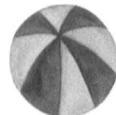

Caroline Oblasser
Sigrun Eder

Ausgewickelt!

So gelingt der Abschied von der Windel

Inhalt

Auf los geht's los!	**7**
Das soll mal wer verstehen	**9**
Früher wie heute: Ohne Moos nix los?	12
Das „Wie geschieht's?" im Körper	20
Und dann war da: der Stress	26
Schritt 1: Die Ja-ich-will-Phase	**28**
Ideen zur Durchführung	28
Fragen stellen, Antworten erfinden	35
Tipps zu Töpfchenkauf und Kloausstattung	41
Backups und Schutz der Umgebung	49
Backup 1: Die übliche Windel	49
Backup 2: Windelhose statt Klett-/Klebeverschluss	50
Backup 3: Stoff statt Plastik	51
Backup 4: Auflagen, Überzüge, Ersatzkleidung	52
Backup 5: Unterwegs und so gut wie ohne Windel	54
Was, wenn es doch mal passiert?	57

Schritt 2: Die Entdeckerphase — 59

Das kleine Geschäft — 60
- *Der Aufwachpiesler* — 60
- *Spezialfall: Nächtlicher Aufwachpiesler* — 61
- *Schlafen und Pieseln* — 66
- *Der Einschlafpiesler* — 70
- *Der Vor-und-nach-dem-Essen-Piesler* — 72
- *Der Aufbruchspiesler* — 74
- *Der Auswärtspiesler* — 75
- *Der Superdringendpiesler* — 80
- *Der vergessene Spielpiesler* — 80
- *Der Zuvielgetrunkenpiesler* — 81
- *Der kranke Piesler* — 82

Das große Geschäft — 83
- *Die große Ankündigung: Das Pupsen* — 84
- *Es tanzt ein Di-Da-Drückemann …* — 86
- *Auch Putzen will gelernt sein* — 88
- *Geschäftemacherei unterwegs* — 92
- *Das Wichtigste zur Wurst kompakt* — 95
- *Der rasche flotte Durchmarsch* — 97

Schritt 3: Die Gewinnerphase — 99

Auf das Timing kommt es an — 99

Klo-Intuition entwickeln — 102

Und wenn's plötzlich nicht mehr klappt? — 103
- *Spezialfall getrennte Schlafräume* — 105

„Also meines war schon mit X Jahren trocken!" — 106

Rasche Hilfe — 107

Auf los geht's los!

Du hast genug vom Wickeln, obwohl die Windelindustrie noch etliche weitere Windelgrößen für dein Kind auf Lager hätte? Dann bist du hier richtig!

Es ist zwar ein Mythos, dass dein Kind wie durch ein Wunder über Nacht sauber wird, aber wenn du dich darauf einlassen möchtest, auf die Signale, die Zeitintervalle und besonderen Bedürfnisse deines Kindes zu achten, bevor es selbstständig auf die Toilette oder den Topf gehen kann, dann wirst du beobachten, dass es auch schon vor dem „offiziellen" Reifungsalter – ca. zwei Jahre – kontrolliert und regelmäßig kleine und große Geschäfte abgibt. Freilich braucht es hierfür noch deine körperliche Unterstützung, denn ein wenige Monate altes Baby kann weder alleine am Topf sitzen noch sich selber vor dem Gang auf die Toilette entkleiden.

Anders gesagt: *Wird es nicht von dir unterstützt, macht es automatisch in die Hose oder das Hosenklo – wie wir Windeln auch nennen wollen –, weil es keine Alternative dazu angeboten bekommt.*

Ist der Po deines Kindes noch nicht groß genug für einen genormten Toilettensitz? Kann dein Kind den Weg zur Toilette und retour noch nicht alleine und ohne Pannen bewältigen? Dann ist dein Typ gefragt! Denn hier und anderswo kannst du deinem Kind behilflich sein – und es gleichzeitig schon jene Dinge selbstständig machen lassen, die es sich zutraut.

Doch alles Schritt für Schritt.

Lass dich von anderen Müttern und den mitgehörten Gesprächen am Spielplatz nicht irritieren, wenn du das hierzulande übliche Hosenklo – angeblich zu früh – abzulegen versuchst. Habe vor allem ein großes Ziel vor Augen: die Selbstständigkeit deines Kindes, auch seine Ausscheidungsprodukte betreffend.

Deine Entscheidung lautet daher: Die Windel war gestern.

 Bist du noch unsicher? *Dann stell dir doch einfach einmal den Alltag ohne Windel vor.*

Wäre das nicht phantastisch?

Das soll mal wer verstehen

Eigentlich beißt sich die Katze in den Schwanz: Zuerst soll sich dein Kind an die Windel gewöhnen, und dann am Tag X plötzlich lernen, ohne sie auszukommen. Es soll also die Vorzüge der Windel wieder vergessen und stattdessen eine Reihe von Toilettenfertigkeiten lernen – ohne zu meckern.

Doch zurück zum Anfang, wenn das Baby kommt: Ganz und gar nicht eklig waren da die geringen Ausscheidungsmengen deines Kindes. Dennoch wurden sie von Beginn an weggesperrt und hinter Schloss und Riegel beziehungsweise hinter Plastikfolie und Klebeband gehalten. Du hattest also gar nicht die Chance, auf den Ausscheidungsrhythmus deines Kindes aufmerksam zu werden und bei dieser Gelegenheit festzustellen, dass auch schon ganz kleine Babys nicht unentwegt klein oder groß machen, sondern über weite Strecken komplett trocken und sauber sind.

Damit es dir an Windeln und dem entsprechenden Vorrat nicht mangelt, werden Windeltorten hochgelobt. Und um den Geldbeutel der jungen Familie zu schonen, mutieren sogar die Großeltern zu Jägern: In ihrer Freizeit hechten sie jedem Sonderangebot hinterher, um ja die kostengünstigen Windel-Großpackungen mit 160-Stück-Monatspotenzial zu erwerben.

Wer eine Frühgeburt hatte oder einfach nur ein Leichtgewicht bekommen hat, tut sich im Drogerie- oder Supermarkt zwar schwer, aber ansonsten finden sich Wegwerfwindeln in jeder Größe, beginnend direkt nach der Geburt bis hin zum Grundschulalter. Die Jahre bis zur Inkontinenz werden ausgelassen, doch ab da schließt sich der Kreis.

Für Kinder, die nachts oder tagsüber einnässen, ist der Übergang von der Windel zu Windelhosen fast fließend.

Das ist einerseits gut für jene Kinder, die wegen körperlicher Ursachen einnässen und mit der Windel besser durchschlafen können, aber für jene Kinder, bei denen psychische Komponenten eine Rolle spielen, sind mitwachsende Hosenklos möglicherweise zu wenig Ansporn, um wirklich trocken und sauber zu werden.

Tipp: *Noch bist du in der Situation, täglich vier bis sechs Mal die Windel zu wechseln. Bleibe trotzdem gelassen. Dein Kind ist ein intelligentes Wesen und noch dazu höchst anpassungsfähig. Daher wird es, sobald du den Dreh raushast, gerne deiner Einladung folgen, das Hosenklo durch Besseres zu ersetzen.*

Solltest du bislang gedacht haben, ein Kind sei die ersten Jahre seines Lebens „undicht" und würde schon allein deshalb zwangsläufig ein Hosenklo benötigen, dann verabschiede dich von dieser Ansicht. Sie ist nämlich falsch.

 Sei offen! Teste, welche der nachfolgenden Anregungen sich für dich eignen.

 Sei unbesorgt! Du musst nichts Fremdes ausprobieren. Das, was wir dir empfehlen, tust du ohnehin schon (ein bisschen). Oder zumindest in anderen Bereichen deines Lebens. Es geht nämlich um das gezielte und aufmerksame Beobachten der ausgesandten Signale deines Kindes.

 Sei aufmerksam! Wenn du weißt, wie dein Kind tickt, dann verstehst du es besser und kannst deine Bemühungen in puncto Ausscheidungsprodukte in die gewünschte Richtung lenken.

 Doch Vorsicht: Druck und Zwang sind der Zugang, von dem wir uns distanzieren.

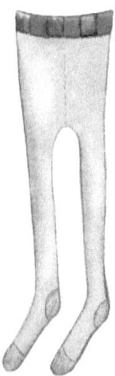

Früher wie heute: Ohne Moos nix los?

Als Vergleichsobjekt eignet sich an dieser Stelle dein eigener Körper: Schließlich sitzt auch du nicht 24 Stunden täglich auf der Toilette, um tröpfchenweise Urin und grammweise Stuhl abzusetzen. Dies wäre nämlich eine höchst unpraktische und ineffiziente Angelegenheit, und wir Menschen hätten es mit einem solchen Verdauungssystem wohl nicht sehr weit gebracht. Geschweige denn zur Vollbeschäftigung.

Auch würde es überall wie bei einem Musikfestival stinken, wenn die mobilen Klo-Boxen überlaufen. Im Winter – kaum auszudenken! – müsste jeder Zweibeiner wie die meisten Vierbeiner „unten ohne" gehen, oder man bräuchte Hinterherräumer, wie sie die Kutschenpferde der Mozartstadt haben. Dort fahren Pferdeäpfel-Aufsammler den fotografierenden Touristen hinterher, um das große Pferdegeschäft dezent in einen ans Fahrrad gespannten Mistwagen zu schaufeln.

So bleibt die schöne Altstadt geruchsneutral, denn die romantische Mozartzeit findet beim Thema Pferdemist ein abruptes Ende.

Bereits der Steinzeitmensch und alle Menschen danach hätten ohne die Möglichkeit, gezielt Urin und Kot abzugeben, tagein und tagaus Windeln gebraucht. Sie hätten sie herstellen und entsorgen oder zumindest reinigen und wieder trocknen lassen müssen, da sie sonst an jeder denkbaren Stelle eindeutige Körperflüssigkeiten hinterlassen hätten.

Das wäre nicht nur höchst ekelhaft gewesen, sondern hätte durch die damit verbundenen Körperflüssigkeitsfährten auch Raubtieren Tür und Tor geöffnet.

Am Ende wären unsere Vorfahren und ihr dauerdurchlässiger Nachwuchs gar aufgespürt und aufgefressen worden. Doch Menschen, die dem Raubtier von damals als Frühstück dienten, hätten keine Nachfahren und letztlich auch uns nicht hervorbringen können.

Daher muss es bereits in alter Zeit andere Lösungen für spezielle Bedürfnisse gegeben haben.

Bei den größeren Leuten mag das mit der eigenständigen Abgabe von Körperflüssigkeiten ja klappen, wirst du vielleicht sagen. Aber die Steinzeitwindel, gab es die nicht doch? So ganz ohne, ging das denn?

Wenngleich Mutmaßungen darüber existieren, dass sehr viel früher sowohl menstruierende Frauen als auch Mütter von Säuglingen und Kleinkindern Moose zum Aufsaugen diverser Körperausscheidungen verwendet haben könnten, so scheint diese Variante als alleinige Sauberkeitsmaßnahme doch fraglich.

Bei den gehörigen Mengen an Flüssigkeit, die allein durch die – in alter Zeit meist mehrere Jahre gestillten – Kinder produziert wurden, hätten Vorgängermenschen massenhafte Vorräte an saugfähigem, trockenem Moos haben müssen. Die angelullten Moose hätte man nur in der Sommersonne an frischer Luft durch UV-Strahlung und Sauerstoff desinfizieren, trocknen und ohne Waschen zur Wiederverwendung aufbereiten können. Das große Geschäft aber bedeutete wohl für jedes Moos einen Universalschaden.

Alles in allem: Ziemlich viel Aufwand, wenn es auch anders geht.

Ganz abgesehen davon, dass windelfähige Moose nicht überall verfügbar waren. Supermärkte gab es nicht, und die Nahrung musste gejagt oder gesammelt werden. Für eine Binden- und Windelkultur, wie wir sie in unserer industrialisierten Gesellschaft beherbergen, war schlichtweg kein Platz.

 Wer wäre schon gerne auf flauschigem Moos verhungert, weil er keine Zeit zum Heimbringen echter Beute hatte?

Glaubhafter ist daher, dass bereits die Steinzeitfrau schon wusste, wie sie ihre Körperausscheidungen kontrolliert ablassen und ihr trautes Heim sauber halten konnte.

Sie ging zum Menstruieren in die tiefe Hocke und hat auch ihre – noch unselbstständigen Kinder – an geeigneter Stelle ab- und so die Körperausscheidungen vom Körper ferngehalten. Nur als Zwischenlösung verwendete sie Moose und Co und wusste bereits von Müttern, Tanten und anderen Frauen aus der Gruppe, dass Kinder sehr früh ein gutes Gespür für ihren Körper haben und sich einschlägig mitteilen. Man musste lediglich darauf achten und ihnen beim Auskleiden und Einnehmen bestimmter Ausscheidungspositionen helfen.

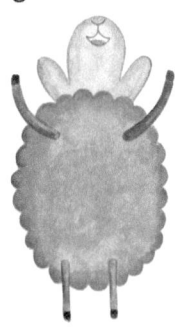

Für den Kindertransport besaß die Ur-Frau nicht etwa einen Kinderwagen, sondern trug ihr Baby nah am Körper in einem flauschigen Wärmefell. So war sie unabhängig und spürte unter anderem durch die aufkommende Unruhe und das Anspannen der Bauchmuskeln ihres Kindes genau, dass sich eine Ladung ankündigte.

Weil sie nicht von tausenden Werbebotschaften, Telefon, Internet, Fernsehen und anderem Klimbim abgelenkt wurde, besaß sie ein gutes Gespür für den passenden Zeitpunkt. Sie konnte, Bauch an Bauch mit dem Baby, abschätzen, wann es an der Zeit war, für das Kind den nächsten Busch aufzusuchen. Und nicht selten musste sie dann auch selbst, weil Mama und Baby teils gleich geschaltet waren.

Strom, Babyausstatter und Zentralheizung gab es noch nicht. Aus Sicherheits- und Wärmegründen war die Ur-Frau daher auch nachts nahe bei ihrem Nachwuchs, ganz ohne Babyphon und Gitterbett. Praktischerweise hatte sie so, weil sie das Wetzen ihres blasenvollen Kindes im Halbschlaf rasch mitbekam, prompt die Möglichkeit, ihr Kind im dringenden Fall aus dem Fellschlafsack zu nehmen und ihm das Ausscheiden an frischer Luft anzubieten.

Zu Hause hatte sie zum Auffangen der kindlichen Ausscheidungen möglicherweise hohl geformte Äste, Steine und andere Utensilien parat und besaß somit ein uraltes, entleerbares Zimmerklo, das – im Gegensatz zu den Moosen – nicht trocknen musste und bequem gereinigt werden konnte.

Sobald das Steinzeitkind laufen konnte, wurde alles bedeutend einfacher.

Es entledigte sich seiner Ausscheidungen von alleine und an einem dafür geeigneten Platz. Weil es nicht wollte, dass seine liebsten Spielecken übel rochen, kannte es die Kloplätze ganz genau. Ältere Kinder aus der Gruppe, mit denen es regelmäßig spielte, hatten ihm schon vor Langem gezeigt, wohin man geht, wenn man mal muss. Keines der Kinder blieb beim Spielen sitzen und machte in sein Fell, denn der tägliche Fellwechsel mit einer durch Mama automatisierten Reinigung war nicht vorgesehen.

So – oder so ähnlich – dürfte es sich unserer Vorstellung nach in sehr, sehr alter Zeit zugetragen haben.

Übrigens wird auch heute noch bei den Naturvölkern natürliche Säuglingspflege praktiziert. Ausgeschiedenes kommt erst gar nicht mit dem Körper in direkten Kontakt, sondern wird an frischer Luft abgegeben. Das spart Moos bzw. andere windelfähige Materialien und vermeidet außerdem das Dilemma der unausweichlichen Material-Beschaffung und Material-Entsorgung.

Und all die anderen Völker, die nicht in der von Städten entfernten Einsamkeit beheimatet sind? Aus China kennt man beispielsweise sogenannte „split pants" oder auch Kaidangku. Das sind Kinderhosen, die im Schritt überlappen, aber nicht vernäht sind, sodass sich das Kind in der Hocke erleichtern kann, ohne selbst die Hose runter- und wieder hochziehen zu müssen.

Wie man hört, hält dort jedoch seit einigen Jahren die Plastikwindel erfolgreich Einzug. Offenbar gilt es als Zeichen von Wohlstand, wenn man sich unsere Hosenklos leisten kann. Um es kurz zu machen: Die guten alten „split pants" haben offenbar ausgedient.

Bist du neugierig? *Während man in China auf Abstand geht, kommen die „split pants" hier bei uns so richtig in Mode. Im Internet findest du passende Schnittmuster, wenn du deinem Kind geteilte Hosen nähen möchtest.*

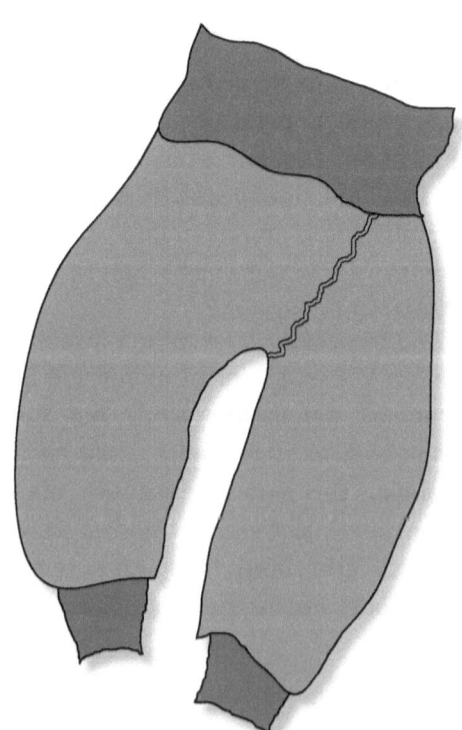

Und Tiere, wie machen es die? Haben die auch die berühmten Steinzeit-Moose im Einsatz?

Wenn du schon einmal Schwalben im Nest beobachtet hast, so wirst du darunter einen großen Fleck mit Exkrementen entdecken. Sobald der kleine Nestvogel muss, reckt er nämlich seinen Schwanz heraus und – richtig, lässt das, was er hat, hinunterfallen.

Wer nicht auf hohem Aufsichtspunkt sitzt, macht es etwas anders: Hunde, Katzen und andere Tiere schlecken den Po ihres Nachwuchses ganz einfach ab, damit die Welpenstube sauber bleibt.

Keine Sorge: *Das Abschlecken, das verlangt nun wirklich keiner von dir. Aber hast du dir schon einmal genau überlegt, welche Fähigkeiten wir Menschen entwickelt haben, um nicht im eigenen Mist sitzen zu müssen?*

Das „Wie geschieht's?" im Körper

Blicken wir kurz auf unseren Körper und seine im Zuge der Evolution verfeinerten Körperfunktionen. Unser Vorteil ist schließlich, dass wir uns gewissermaßen am oberen Ende der Entwicklung befinden und aus dem Vollen schöpfen können. Auch was die Ausscheidungsvorgänge angeht. Denn dankenswerterweise hat uns Mutter Natur mit höchst speicherungsfähigen, grandios entwickelten Organen ausgestattet.

Hier hätten wir zum einen die **Harnblase**.

Sie ist bereits bei einem Säugling von etwa drei Monaten in der Lage, bis zu 80 Milliliter Urin zu bewahren, und kann später eine wirklich ungeheuer große Portion des gelben Saftes halten. Wie viel genau, ist von Mensch zu Mensch verschieden, aber wenn du dir einmal die getrunkenen Mengen auf diversen Bierfesten anschaust, wird schnell klar, dass das Fassungsvolumen der Urinblase recht groß sein muss. Man spricht davon, dass bei einem Erwachsenen bis zu 1,5 Liter hineinpassen! In der Regel wirst du aber schon bei einer Füllmenge zwischen 300 und 500 Milliliter starken Harndrang verspüren.

Probiere es einfach mal aus und wiege dich, wenn du so richtig dringend musst, vor und nach dem Toilettengang. Die Differenz ergibt die Menge des soeben abgelassenen Urins.

Fachinfo für dich: *Die Blase kann sich um ein Vielfaches ausdehnen. Dehnungsrezeptoren melden ab einem bestimmten Moment, dass die Entleerung dringend ist. Durch Stress wird der Harndrang größer, durch bewusste Entspannung kann das Entleeren noch etwas verzögert werden. Auch ist es möglich, dass durch die Wand der Blase Wasser in die Umgebung abgegeben und dort (z.B. im Darm) wieder resorbiert wird.*

Bei einem unterentwickelten oder überdehnten Schlussmechanismus der Harnleiteröffnungen kann es einen Rückstau in die Harnleiter und in das Nierenbecken geben. Dauert dies nur kurze Zeit, bleiben Gewebeschäden in der Regel aus. Solange von den Nieren nicht erneut Urin in größeren Mengen in die Blase abgegeben wird, lässt sich die Spannung noch eine begrenzte Weile ertragen, bis sich eine Gelegenheit ergibt zu urinieren.

Produziert die Niere aber fleißig weiter, weil man vor einer Weile viel getrunken hat, wird der Harndrang übermächtig und letztlich unkontrollierbar. Sobald die ersten Tropfen sich dann von alleine den Weg bahnen, gibt es meist kein Halten mehr.

Der frische Urin eines gesunden Menschen stinkt nicht, außer eventuell nach dem Genuss von Lebensmitteln mit Duftpotenzial wie z.B. Spargel. Menschlicher Urin ist sogar so sauber, dass man früher aus der Not heraus (zum Beispiel im Krieg) Operationsbesteck damit sterilisiert hat. Erst, wenn es mit Bakterien versetzt ist, beginnt Pipi zu muffeln und durch das inzwischen gebildete Ammoniak eine übel riechende Schärfe zu entwickeln.

Übrigens gibt es auch Trinkkuren mit frischem Urin, und ein diesbezügliches Buch hat vor etlichen Jahren einmal breites Medienaufsehen erregt.

Eine der Autorinnen dieses Buches hat damals den sprudelnden Quell (genauer gesagt: den morgendlichen „Mittelstrahl", also den ersten morgendlichen Strahl nach einigen Sekunden des Ablassens) des eigenen Körpers gekostet, kehrte aber bald wieder zu Leitungswasser und Co zurück.

Eines ist also gewiss: Giftig ist Urin nicht. Besonders wohlschmeckend allerdings auch nicht.

Leiten wir nun sanft über zum großen Bruder des flüssigen Abfalls, dem – im Gegensatz zum Urin – absolut ungenießbaren Kot, der im **Darm** in die Mangel genommen wird.

Kot wird beim Stuhlgang ausgeschieden und heißt daher auch „Stuhl". Beim voll gestillten Säugling auch „Milchstuhl". Dieser Joghurt ähnliche, mehr oder weniger flüssige, gelbbraune Brei sehr junger Menschenkinder ist in seiner puren Form alles andere als abstoßend. Doch hat er die Chance, im geschlossenen Raum vor sich hin zu gären, so wird er weniger zu einem feinen Käse als vielmehr zu stinkender Pampe.

Baby-Info: *Dies trifft offenbar im Besonderen auf den Stuhl jener Babys zu, die mit Ersatzmilch oder hypoallergener Zusatznahrung gefüttert werden. Diese aus Kuhmilch hergestellten Produkte bleiben Fremdeiweiße und produzieren im Darm ein leicht verändertes Milieu, welches dazu führt, dass sich dort auch artfremde Bakterien (außer den normalerweise überwiegenden Bifidusbakterien) vermehren können. Diese sorgen dann für eine oft festere Konsistenz des Stuhls und einen anderen, eher unangenehmen Geruch.*

Aber auch alle anderen Kinder, die feste Nahrung zu sich nehmen und somit genauso wie wir Erwachsenen kompakten Kot produzieren, mutieren zu Stinkbomben, wenn der Stuhlgang nicht geht, sondern in der Hose klebt. Eltern, die mit weit von sich gestrecktem Kind den Weg zum nächsten Wickeltisch suchen und dabei Geräusche des Ekels von sich geben, sind ein bekannter Anblick.

Doch, ehrlich: Ist es nicht unbedacht und respektlos, seinen größten Schatz als Stinker zu bezeichnen, nur weil er von dir als Mama oder Papa dazu verdonnert wird, permanent ein Hosenklo zu tragen? Ausnahmen von der Dauerwickelei sind eventuell der sommerliche **Urlaub** am Badestrand oder im eigenen Garten.

Doch sogar in öffentlichen Parks passiert es, dass Mütter nackiger Kleinkinder Mütter von Wickelkindern gewissermaßen um Erlaubnis zu fragen haben, ob das eigene Kind beim Wasserpritscheln unten ohne bleiben darf oder nicht – sofern man als Nacktmama auf abschätziges Getuschel verzichten möchte.

Anders als beim Urin kommt der Kot aus dem langen Darm nur relativ selten heraus, sagen wir etwa einmal pro Tag oder einmal alle paar Tage. (Voll gestillte Säuglinge können übrigens auch zigmal pro Tag Stuhlgang haben oder nur einmal in sehr vielen Tagen, alles das ist in der Regel normal.)

Bevor die fertige, wohlgeformte Wurst austritt, hat der Darm seinem Inhalt die wertvollen Stoffe entzogen und den Rest im Darmkanal zum Abtransport bereitgestellt. Bei idealer Nahrungszusammensetzung (viele Schmier- und nur wenige Klebestoffe aus kohlehydratreicher Nahrung) übrigens in einer Form, die den Stuhl in einer kaum sichtbaren Schleim-Wursthaut herausgleiten lässt, ohne große Spuren am After zu hinterlassen.

Da reichte dem Steinzeitmenschen tatsächlich ein grünes Blatt zum Saubermachen und er brauchte nicht tonnenweise Steinzeit-Klopapier.

Nun, ist es nicht jammerschade, eine so ausgeklügelte Abfallentsorgung gezielt zu umgehen?

Da es, im Vergleich zum kleinen Geschäft, eine relative Kraftanstrengung erfordert, das große Geschäft abzuschließen, bemerken Mütter, Väter und andere Bezugspersonen meist, wenn es mal wieder ganz groß in die Hose gehen wird bzw. schon geht. Dennoch wird die Windel vielfach als Zwischenträger eingesetzt, um dann mit Müh und Not den angetrockneten und plattgedrückten Stuhl wieder vom süßen Kinderpopo zu lösen. Nicht umsonst stecken manche Wickelmütter ihre Kinder bisweilen zweimal pro Tag in die Badewanne ...

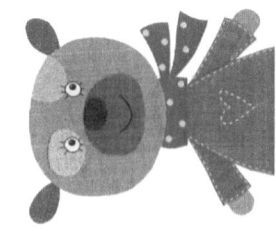

Das große Geschäft in der Hose zu haben ist, kurz und knapp, ein unrentabler und olfaktorisch unzumutbarer Umweg, den man sich gerne schenken würde. Und spätestens jetzt kommt das Offensichtliche glasklar zum Vorschein: Beim Wickeln überwiegen die Nachteile.

Doch wann ist der ideale Zeitpunkt, um sich vom Hosenklo zu verabschieden und auf die eingebauten Körperfunktionen zu vertrauen? Heute erst einmal nicht. Morgen auch noch nicht, da ist Montag und – ach ja, der Kindergarten beginnt.

*Du meine Güte!
Der Kindergarten beginnt!*

Und dann war da: der Stress

Während in Krabbelstuben selbstverständlich gewickelt wird, erwarten Kindergärten oft ein „stubenreines" Lebewesen. Üblicherweise beginnt der Stress mit dem Sauberwerden daher pünktlich zum Eintritt in den Kindergarten, das heißt im Alter von meist drei Jahren.

Was bislang zu Hause so bequem funktioniert hat, soll nun anders gehandhabt werden.

Doch das Kind will in vielen Fällen nicht verstehen, warum das, was es so gut kennt, auf einmal keine Option mehr ist. Die gut bekannte, vielfach liebgewonnene Windel muss weg! Und zwar gleich!

Gewiss nicht ohne Proteste und Verhandlung mit ihrem Träger bzw. ihrer Trägerin.

Wenngleich es zwar diverse Schnuller-verschwinde-Geschichten gibt, so hört man doch eher selten von jenen Storys, bei denen die Windel von irgendeiner Fee geholt wurde oder gar unwiederbringlich verloren ging. Windeln gibt es schließlich überall zu kaufen, das weiß jedes Kind.

Und da Mama früher so viel daran lag, dass auch ja permanent eine da war, leuchtet es dem gut erzogenen kleinen Menschlein nun überhaupt nicht ein, zu einem von Erwachsenen definierten Zeitpunkt darauf zu verzichten.

Ein gewisser Stress beim Abschied von der Windel scheint da vorprogrammiert, denn immerhin wäre auch noch die Frage zu klären, ob Mama und Papa überhaupt schon reif genug sind, auf das bequeme tägliche Hosenklo zu verzichten und stattdessen eine zuverlässige Kloroutine einkehren zu lassen.

Doch was ist zu tun, falls Mama und Papa der Windel tatsächlich auf Nimmerwiedersehen sagen wollen?

In den seltensten Fällen funktioniert die Entwöhnung auf Anhieb ohne Pannen, so viel ist gewiss.

Ein Stufenplan muss also her. Und dieser Plan beginnt mit dem ersten Schritt, der da heißt:

„Ja, ich will!"

*Willst du auch?
Dann lies gleich weiter!*

Schritt 1: Die Ja-ich-will-Phase

Gleich vorweg: Sei dir bewusst, dass ihr gemeinsam den Weg ins neue, windelfreie Land gehen werdet, und es auch für dich jetzt heißt, sich umzugewöhnen.

Du wirst merken, dass durch den Wegfall des Wickelns eine Zeitersparnis eintritt. Gleichzeitig wird anfangs recht viel Zeit darauf verwendet werden, die nun gewünschten Alternativen (Töpfchen, Klo) schmackhaft zu machen und die regelmäßige Benutzung derselben zu bewerben.

Ideen zur Durchführung

Ganz zu Beginn ist die wichtigste Voraussetzung der erfolgreichen Projektabwicklung deine ausreichende Zeit. Verlege den Start der Ja-ich-will-Phase daher auf Tage, an denen du dich ausreichend persönlich um das gemeinsame Projekt kümmern kannst. Dein Kind wird gerade am Anfang motivierende Unterstützung brauchen.

Es mag Ausnahmen geben, aber in der Regel darfst du von deinem Kind nicht erwarten, dass es von alleine die Windel abnimmt und verlangt, den Toilettengang fortan eigenständig durchzuführen.

Die Realität ist vielmehr, dass speziell in der Anfangsphase der gemeinsame Gang aufs Töpfchen oder Klo erstmal durch euch beide erfolgt. Außerdem brauchst du glaubwürdige Argumente, um die Aufmerksamkeit deines Kindes auf die Alternativen zum Hosenklo zu lenken.

Hier sind einige überlegenswerte Punkte, die euch weiterhelfen können:

Gemeinsam statt einsam: Gehe gemeinsam mit deinem Kind zum Töpfchen/Klo und leiste ihm dort Gesellschaft. Gib nicht nur Anweisungen aus dem „Off" ab. Kommentare wie „Da hättest du wohl schon früher gehen müssen" sind kontraproduktiv. Bedenke, dass das Hosenklo aus Sicht des Kindes das Altbewährte ist und es sich an diverse Alternativen erst gewöhnen muss. Keiner fängt über Nacht an, vorwärts zu schreiben, wenn er es bislang rückwärts getan hat.

Übrigens könnt ihr anfangs auch bequem zu zweit auf dem (unverkleinerten) Toilettensitz Platz nehmen: Du hinten, dein Kind vor dir. So kann dein Kind nicht ins Erwachsenenklo hineinfallen und sich gleichzeitig vertrauensvoll an dich lehnen.

Tipp: *Diese Haltung ist sogar für sehr kleine Kinder von unter einem Jahr geeignet, wobei du dann – je nach Größe und Körperspannung deines Kindes – zusätzlich noch die Schenkelchen mit deinen Händen hältst.*

Kleine Nachmacher: Dein Kind lernt durch Beobachten und Nachahmen. Daher ist es von Vorteil, wenn es regelmäßig deine eigenen Kloaktivitäten beäugen darf. Was Mama/Papa macht, kann nur gut sein.

Auch große Geschwisterkinder oder FreundInnen bieten sich als Rollenmodell an. Und sogar Stofftiere haben großes Potenzial, zum besten Klofreund der Welt zu werden, wenn sie auf ihrem eigenen Topf oder sogar dem des Kindes Platz nehmen. Es darf nur keines der Spielzeuge in die Toilette oder den vollen Topf fallen. Die Heldenvorbildwirkung des Teddys könnte sich ins eklige Gegenteil verkehren, wenn er unangenehm riecht. Vom Aufwand der nötigen Bergung einmal ganz zu schweigen.

Das schönste Klo der Welt: Ein Klo, in das man reinfallen könnte? Ein kalter Toilettensitz? Ein zu scharfkantiges Töpfchen?

Warum sollte dein Kind genau diese Alternativen zum Hosenklo bevorzugen? Das Hosenklo konnte es bequem bedienen – nämlich einfach reinmachen – und an jedem beliebigen Ort einsetzen.

Nun aber soll es sich ausziehen und auf einem ungemütlichen Ding Platz nehmen?

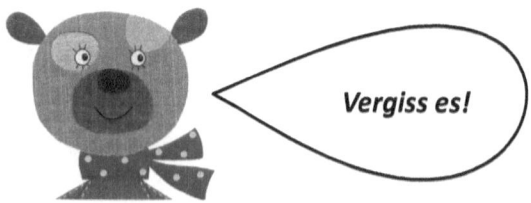

 *Lass lieber dein Kind das gewünschte Töpfchen auswählen und seht euch auch nach einem passenden Toilettensitzverkleinerer um, der bequem (auch anzubringen) ist und weder klappert noch wackelt.*

Dein Kind wird ab jetzt viel Zeit darauf verbringen, und damit es das auch gerne tut, ist das Beste gerade gut genug. Lass dich nicht von den Anschaffungspreisen von Verkleinerer und Co schrecken und setze sie in Relation zu einer Großpackung Windeln. Du wirst rasch draufkommen, dass sich auch die S-Klasse-Modelle sehr bald amortisiert haben.

Kein Spiel-Verweigerer: Das Töpfchen wird vor allem bei kleineren Kindern Verwendung finden, und zwar am besten spielerisch. Damit es das Kind nicht aus dem Geschehen reißt, sondern lediglich rasch bei der Abwicklung diverser Geschäfte hilft, sollte das Töpfchen in das Gesamtgeschehen eingebettet werden.

Der Platz auf dem Thron ist ein lustiger, entspannter Ort. Hier kann gespielt und gealbert werden, daher sollte die Töpfchenumgebung auch nicht steril, sondern mit den üblichen Spielzeugen bestückt sein.

Am einfachsten ist es daher, wenn das Töpfchen zu euch kommt und mitten im Zimmer Platz findet bzw. dort, wo ihr euch gerade aufhaltet (z.B. Küche, Garten, Omas Balkon).

Echt dufte: Zugegeben, die „Stinker" in der Hose waren auch nicht dufte, aber eigene Kreationen stören bekanntlich weniger als die der anderen. Was so viel bedeutet wie: Ein Muffelklo ist nichts, wo ein Kind häufig hin möchte.

Sorge als federführende Putzfee für stetige Sauberkeit am stillen Örtchen. Überlegt darüber hinaus gemeinsam, welchen Duft eure Toilette bzw. das Badezimmer erhalten soll. Was nicht bedeutet, dass dadurch mangelnde Hygiene übertüncht werden soll (sauber = geruchslos, erst bestimmte Bakterienzerfallsprodukte sorgen für Muffelei). Es gibt hervorragende Raumdüfte auf natürlicher Basis. Von synthetischen Duftmitteln ist abzuraten, sie riechen für Kinder oft auch meist viel zu streng.

Alternativen zum einhängbaren Plastikkörbchen, das eventuell von deinem Kind amontiert und runtergespült werden könnte und dann einen kostspieligen Installateurseinsatz zur Folge hätte, sind z.B. natürliche Dufthölzer, die einige Wochen lang für einen feinen Akzent sorgen.

Können kann man immer: Mach deinem Kind klar, dass es von nun an immer kann, auch wenn die Windel weg ist. Du wirst begeistert sein, wie kreativ du beim Finden gewöhnlicher und außergewöhnlicher Pipi- und Pupsmöglichkeiten bist.

Tipp: *Verliere deine Hemmungen und denke daran, dass die volle Windel gesellschaftlich voll akzeptiert war. Wo ein Hund hinmacht, darf auch dein Kind Pipi machen.*

Jungs können unterwegs in eine leere Trinkflasche pieseln, Mädchen diskret auf einem Sandspieleimerchen Platz nehmen, das anschließend wieder im Einkaufswagen verschwindet.

Und sollte das große Geschäft einmal auswärts erfolgen, so sei unkompliziert genug, ein Stück Zeitung darunter zu legen oder, falls dies nicht möglich war, ein Plastiksäckchen zu verwenden, um das Häuflein hinterher zu beseitigen. Hundebesitzer sind das gewöhnt, und auch du brauchst dich hier überhaupt nicht zu ekeln.

Wichtig ist, dass dein Kind die (nahezu) durchgehende Möglichkeit erhält, sich zu erleichtern. Und zwar nicht nur an Sonn- und Feiertagen, bei schönem Wetter oder wenn du gerade Lust dazu hast.

Auch Klein kann schon ganz Groß: Und zwar nicht nur das große Geschäft, sondern wie die Großen. Du dachtest bislang, dein Kleinkind ist nicht fähig, Toilettendringlichkeitssignale auszusenden? Es macht(e) sie von Anfang an, nur fallen sie dir vermutlich erst auf, seit es „aus dem Gröbsten draußen ist". Schenke der Sache mit dem Müssen doch mal ein bisschen gesonderte Aufmerksamkeit. Selbst, wenn ihr noch in der Hosenklo-Epoche seid, wird dir bald auffallen, dass sich dein Kind deutlich anders verhält, wenn es gerade reinmacht. Wobei Kinder, die schon sehr lange in der Windel feststecken, teils Meister des stillen Geschäfts sind und nahezu unbemerkt in die Windel machen können.

Ist dein Kind noch kleiner, wirst du die Signale unter Umständen einfacher wahrnehmen können.

Tipp: *Frage einfach immer wieder nach und motiviere dein Kind auch durch das Vorbild anderer Kinder, die schon schnurstracks und selbstbestimmt aufs Klo gehen, es den FreundInnen und (Kindergarten-)KollegInnen gleich zu tun.*

Fragen stellen, Antworten erfinden

Doch wie mit dem vielversprechenden Vorhaben beginnen, das Hosenklo in ein (Zimmer-)Klo zu verwandeln, magst du dich fragen.

Starte doch mal anders als gewohnt: (Er)finde zuerst die Antworten. Und zwar auf Fragen von dir, die du an dein Kind stellen wirst.

Da hätten wir die wohl berühmteste von allen, nämlich:

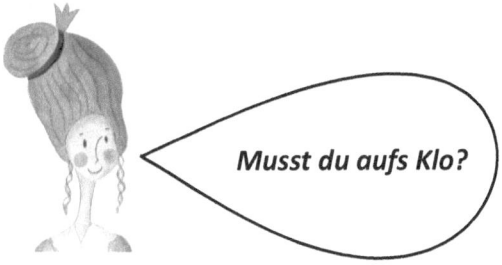

Tja, woher sollst du auch wissen, ob dein Kind auf die Toilette/den Topf muss, wenn es diese(n) bislang nicht kannte. Doch auch nach Jahren des Nicht-mehr-Wickelns wirst du genau diese Frage bisweilen noch immer an dein Kind/deine Kinder stellen, sie hat also gewissermaßen Kult-Status und ist (fast) nie verkehrt.

Die Antwort lautet daher: *Ja, diese Frage ist richtig gut, und wenn du mit dem Klozirkus beginnen möchtest, dann nimm diese Frage als Basisausstattung.*

Ein Tipp für den öffentlichen Umgang mit dieser Frage: Bitte gewöhne dir von vornherein an, deinem Kind die Frage „Musst du aufs Klo?" außer Haus, zum Beispiel im Kreise seiner Spielkameraden, diskret zu stellen. Sie betrifft den Intimbereich deines Kindes und es gibt keine Notwendigkeit, sie vor Publikum zu diskutieren. Manche Mütter sind leider recht unsensibel und fragen sogar ihre größeren Kinder vor den Ohren Fremder, ob sie mal müssen. Aber keiner geht gerne, wenn er sich schämt und rot anläuft.

Freilich kann eine so prominente Universalfrage auch ergänzt werden, zum Beispiel um folgende Bestandteile:

Musst du vielleicht aufs Klo?

... was ein wenig von deiner Unsicherheit ausdrückt, dem Kind aber auch mehr Eigenständigkeit im Erkennen des Bedürfnisses, aufs Klo gehen zu müssen, vermitteln kann.

Deshalb gilt: *Diese Frage darf gestellt werden. Und wenn ihr euch gerade im öffentlichen Raum befindet, dann flüsterst du sie deinem Kind eben ganz leise ins Ohr.*

... was schon fast keine Frage mehr ist, sondern eine Behauptung deinerseits. Bist du dir denn ganz sicher? Immerhin handelt es sich nicht um deine Blase/deinen Darm.

Pass ein bisschen auf: Fragen solcher Art können nerven, sei also sparsam im Umgang damit. Nach dem Stellen dieser Frage müsste bildlich gesprochen schon fast das Ergebnis zu riechen sein.

... was man leicht genervt und mit vorwurfsvollem Unterton immer wieder am Spielplatz oder an der Supermarktkasse hört.

Aber, mal ehrlich: Woher willst du das denn wissen? Kinder haben eine andere Blasen- und Darmkapazität als du, und selbst wenn das Kind, weil es das Klogehen gerade lernt, nur so tut, als ob es aufs Klo muss, sollte ihm der

Gang zur Toilette/auf den Topf gestattet sein und sogar unterstützt werden. Es braucht ja nicht mal eben zwei Rollen Klopapier zum Spaß abzuwickeln.

Fazit: *Übung macht den Meister, und auch (ergebnislose) Probesitzungen schaffen Vertrauen und Übung im Umgang mit Klo und Co.*

Warst du schon am Klo?

... was eine berechtigte Frage deinerseits ist, zum Beispiel, was den Aufbruchspiesler angeht, auf den wir noch zu sprechen kommen.

Kinder sind manchmal so sehr in ihr Spiel vertieft, dass das Klogehen ganz weit hinten ansteht, wenn es noch nicht wirklich superdringend ist. Ein vorausblickendes Klogehen kennen Kinder erst etwa ab dem Kindergartenalter (hier werden sie auch von den Erzieherinnen beispielsweise vor Ausflügen gesammelt auf die Toilette geschickt).

Deshalb kann man sagen: *Die lose gestellte Erinnerungsfrage ist mehr als angebracht.*

Als Erweiterungsfragen üblich und sinnvoll sind folgende Formulierungen, auch fürs Nachsitzen:

Bist du schon fertig?

... was vor allem nach dem großen Geschäft anzuraten ist, wenn nachträgliche Reste in der Hose vermieden werden sollen.

Häufig zeigt das Kind eindeutig, wenn es fertig ist, und möchte dann vom Klo runter. Macht es keine Anzeichen, das Töpfchen/Klo zu verlassen, und hast du den Eindruck, dass das Geschäft bereits vollständig abgewickelt ist, ist Fingerspitzengefühl gefragt.

Finde heraus, was Sache ist: *Beobachte dein Kind genau und stelle fest, ob die Sache wirklich (für dieses Mal) erledigt ist – oder des Nachsitzens bedarf.*

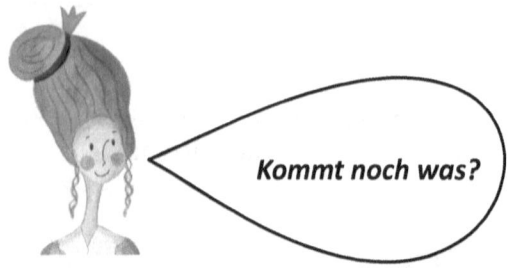

Kommt noch was?

... was beispielsweise in jenen Situationen angebracht ist, in denen doch etwas danebengegangen ist und du mit deinem Kind gleich nach dem Bemerken im Expresstempo das Töpfchen/Klo aufgesucht hast.

Vor allem nach Unfällen gilt: *Biete das Töpfchen/Klo dennoch an. Vielfach wirst du beobachten können, dass das Kind nicht alles losgelassen hat und es lohnend war, nachzusitzen.*

Bestimmt fallen dir weitere Fragestellungen ein, um dein Kind dazu zu motivieren, auf dem Töpfchen/Klo regelmäßig Platz zu nehmen.

Magst du sie hier notieren?

Tipps zu Töpfchenkauf und Kloausstattung

Wie bereits erwähnt macht es keinen Sinn, den künftigen Ort der universellen Erleichterung mit Mangelware aus der Schnäppchenkiste auszustatten. Daher an dieser Stelle einige Tipps zu Töpfchenkauf und Klo-Ambiente.

Der Töpfchenkauf

1. Ein Töpfchen muss bequem sein, daher sollte das Kind beim Kauf probesitzen. Manche Töpfchen haben einschneidende Sitzflächen und schlampig abgerundete Kanten, die weh tun. Achte darauf und kaufe einen besseren Topf.

2. Das Töpfchen sollte in einer geschickten Größe gekauft werden, sodass es einige Zeit seinen Zweck erfüllt und kleinere wie größere Kinder frei von Einschränkungen ihr kleines und großes Geschäft verrichten können.

3. Für ganz kleine Kinder gibt es kreisrunde Töpfchen, die aussehen wie ein umgedrehter Hut mit breiter Krempe. Diese Töpfchen – sie ähneln dem herkömmlichen Sandspieleimer in Größe XS – können auch von größeren Kindern in Ad-hoc-Situationen verwendet werden. Aufgrund des kleinen Durchmessers sind sie allerdings etwas wackelig. Ausgetüftelter sind runde Modelle mit herausnehmbarem Einsatz.

4. Achte bei allen regulären Töpfchen auf eine breite Standfläche, damit das Töpfchen stabil ist, wenn dein Kind raufklettert oder darauf sitzt.

5. Größe und Gewicht des Töpfchens sollen zum Po deines Kindes passen. Finger weg von Oberflächen, die an der empfindlichen Kinderhaut haften bleiben.

Abgesehen davon, *dass sich ein solches Töpfchen-Verhalten ungünstig auf die Benutzungsfrequenz auswirkt, führt es möglicherweise auch zu einem unkontrollierten Absturz des befüllten Gefäßes nach dem Aufstehen des Kindes.*

6. Idealerweise hat das Töpfchen unten eine Art Plattform für die Füße. Dann kann es am Po gar nicht klebenbleiben, weil das Kind sein Töpfchen mit den Füßen stabil am Boden hält.

7. Ein bequemer Griff erleichtert für dich das Entleeren und sorgt für eine unkomplizierte Reinigung unter dem Wasserhahn. Auch das Kind sollte, mittelfristig betrachtet, sein Töpfchen tragen und – mit ein bisschen Übung und/oder deiner Unterstützung – entleeren können.

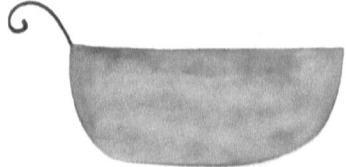

8. Achte darauf, dass das Töpfchen bzw. sein Einsatz auch wirklich unter jeden deiner Wasserhähne passt und eine unkomplizierte restefreie Entleerung ermöglicht. Beim Entleerungsvorgang darf nichts daneben schwappen.

9. Mamas von kleinen Jungen wissen es am besten: Der Schniedel muss auch hineinzielen können. Wenn du einen Romeo zu Hause hast, achte daher auf die spezielle Jungen-Tauglichkeit des Töpfchens.

10. Investiere doppelt: Kaufe das für euch perfekte Töpfchen gleich zwei Mal. Du wirst sehen, wie praktisch es ist, mehrere Töpfchen zu besitzen (allein schon deshalb, weil aufs zweite Töpfchen vielleicht ab und zu ein Lieblingsstofftier gehen mag).

11. Du hast den Luxus, ein Töpfchen für dein Kind im Zimmer haben zu können. Lass das Töpfchen zu dir kommen, nicht umgekehrt, und genieße es, dass du mit deinem Kind nicht jedes Mal das Bad bzw. die Toilette aufsuchen musst. So lassen sich im doppelten Sinne spielend leicht alle möglichen Geschäfte verrichten.

Übrigens: *Früher, in der Biedermeierzeit, war das Zimmerklo ganz normal. Es stand dort, wo sich auch die Leute aufhielten, und Kinder gingen mal eben so drauf. Danach machten sie den Deckel wieder zu. Innen befand sich ein Töpfchen zum Auffangen, und hinten gab es eine Klappe zur Entnahme des vollen Töpfchens.*

12. Nimm den Lieblingstopf deines Kindes auf Reisen mit, damit du auch auswärts von Kloproblemen verschont bleibst. Denk daran, wie viele Erwachsene sich am Ende ihres Urlaubs auf das Klogehen am gewohnten Ort zu Hause freuen, weil es auswärts schlechter geklappt hat.

13. Verstaue das Töpfchen zum besseren Transport unterwegs in einer Sandspielzeug- oder anderen Netztasche. Gut belüftet kann es nach dem Auswaschen besser trocknen.

14. Falls ihr flexibel genug seid, könnt ihr unterwegs auch auf einen kleinen Reisetopf umsteigen.

15. Für das Kinderpopo-Putzen nach dem Gang aufs Töpfchen hast du am besten direkt am Töpfchenort ein paar Rollen Klopapier deponiert.

16. Was dem Kinderpopo besonders schmeichelt, sind ölhaltige Tücher. Sie pflegen die Haut, anstatt sie auszutrocknen. Diese Tücher kannst du übrigens ganz einfach selber herstellen, wenn du nicht über ein spezielles Beölungsgerät verfügst. Olivenöl oder spezielles, biologisches Körper-Öl tut hier beste Dienste, und ein kleines Fläschchen davon kannst du auch auf Reisen mitführen. In Kombination mit einem Taschentuch ergibt sich die perfekte Pflege.

Für Öltuch-Verweigerer bietet sich die hausgemachte Alternative in Form eines gewässerten Waschlappens an, der in einer Dose transportiert werden kann. Zur Not reichen auch Papiertücher und Spucke.

Vorsicht: *„Fertige" Feuchttücher enthalten teils ungewünschte Inhaltsstoffe, die Allergien verursachen können. Achte daher auf die Packungsangaben, falls du dich für das Fertigprodukt entscheidest. Vor allem, wenn du regelmäßig fertige Feuchttücher verwendest.*

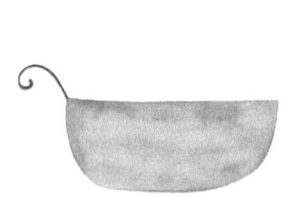

Die Klo-Ausstattung

1. Generell gilt: Damit auf dem Klo keine Langeweile aufkommt, sollte ausreichend kindgerechtes Material (Spielzeug, Lesestoff etc.) griffbereit vorhanden sein. Auch wir Großen entspannen uns beim Lesen oder Sudokulösen. Gut nachvollziehbar, dass das auch auf die Kleinen zutrifft.

2. Kleine Kinder haben kleine Popos, daher ist die Klobrille für Erwachsenen-Popos im Kindesalter noch zu groß. Achte daher auf einen bequemen und leicht montierbaren Toilettensitzverkleinerer.

3. Der Sitzverkleinerer sollte perfekt auf eure Klobrille(n) passen, weder wackeln noch klappern, und durch das Kind montierbar sein.

Tipp: *In der Luxus-Liga findest du Sitzverkleinerer mit stufenloser Verstellbarkeit (Drehrad), Gummidämpfung und Tragegriff. Es gibt sogar Toilettensitze, die einen Kinder-Toilettensitz eingebaut haben. Erkundige dich im Fachhandel, ob das für euch in Frage kommt.*

4. Achte darauf, dass sich der Sitzverkleinerer gut reinigen lässt, weil immer wieder mal ein paar Tropfen daneben gehen. Modelle mit Schaumstoff-Polsterung, Flauschbezug und/oder diversen Schmuddelkanten sind daher weniger empfehlenswert.

5. Statte jede eurer Toiletten mit dem für euch perfekten Sitzverkleinerer aus. Du brauchst ihn über Jahre und wirst es zu schätzen wissen, ihn nicht immer hin- und hertragen zu müssen.

6. Führe den Sitzverkleinerer auch auf Reisen mit und verstaue ihn – wie das Töpfchen – am besten in einem Netzsack.

7. Damit dein Kind aufs Klo steigen kann, braucht es eine Fußbank oder Treppe. Bei einigen Toilettensitzverkleinerern ist die Treppe bereits integriert.

Tipp: *Achte darauf, dass das Kind selbstständig sicher hoch und wieder runter kommt. Die Fußbank und/oder die Treppe sollen Standfestigkeit beweisen, denn wer sich auf eine wackelige, wegrutschende Fußbank konzentrieren muss, wird unnötig abgelenkt.*

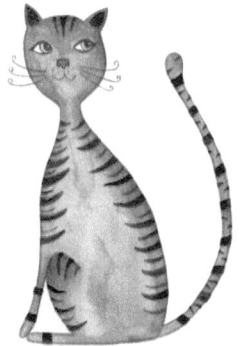

Ein weiteres Kriterium ist, dass die Fußbank und der Toilettensitzverkleinerer – egal ob getrennt gekauft oder als All-in-One-Modell erworben – eine entspannte Klohaltung ermöglichen.

8. Packe für externe Klogeschäfte neben dem Toilettensitzverkleinerer auch die Fußbank in dein – hoffentlich stauraumfähiges – Auto. Zur Not kannst du sie auch zu Hause lassen und deinem Kind einfach selbst aufs Klo raufhelfen. Sei dir jedoch bewusst, dass manche Kinder bequem sind und diesen Urlaubsservice auch zu Hause beibehalten wollen.

9. Was das Kinderpopo-Putzen nach dem Gang auf die Toilette angeht, so sollte hier – speziell in der Anfangszeit – unbedingt ausreichend viel Toilettenpapier vorrätig sein. Und zwar in einer guten Ausführung, die nicht sofort einreißt und auch ein gewisses Maß an Flauschigkeit gewährleistet.

Tipp: *Von einem zu dicken, supermehrlagigen Toilettenpapier ist abzuraten, da es sich weniger gut zurechtbiegen und um die Hand wickeln lässt. Das sollte es aber, sobald das Kind anfängt, sich selber den Po auszuwischen und zu diesem Zweck reichlich Klopapier zu Hilfe nimmt.*

10. In hartnäckigen Fällen bewähren sich Spucke, Wasser, Öl oder feuchtes Toilettenpapier. Wie bereits erwähnt, bietet der Handel vorbefeuchtetes Toilettenpapier an. Es gibt jedoch, was wirklich eine feine Sache und auch für uns höchst angenehm ist, einen speziellen Toilettenpapierbefeuchter, der mit hochwertigen Ölen arbeitet, jede handelsübliche Rolle Toilettenpapier akzeptiert und auf Wunsch befeuchtet.

Backups und Schutz der Umgebung

Es ist einigermaßen unrealistisch (Ausnahmen bestätigen die Regel!), viele Jahre des Wickelns mit einem Fingerschnipp zu vergessen. Daher kommen jetzt ein paar Tipps für den Übergang vom Hosenklo zum (Zimmer-)Klo.

Als Erstes widmen wir uns dem Schutz der Umgebung, also vor allem der Kleidung und den Schlafstätten. Denn die Ja-ich-will-Phase soll schließlich nicht in einer Hier-ist-alles-voll-Phase enden.

Backup 1: Die übliche Windel

Das Backup 1 besteht aus der üblichen Windel und wird mit dem Ziel eingesetzt, sie eigentlich nicht zu gebrauchen. Doch wie erkennst du den Windelstatus, nämlich ob die Windel bereits gebraucht wurde oder nicht?

Was bei Stoffwindeln ein Leichtes ist, gestaltet sich bei Plastikwindeln als relativ schwierig. Den kleinen Piesler erkennt auf den ersten Blick nur ein „Profi", du kannst ihn aber „erriechen" oder erfühlen.

Zunächst zum Erfühlen: Schiebe das im Popoteil eingebaute Granulat zwischen den Fingern hin- und her. Fühlt es sich rutschig an? Dann war schon ein Piesler zu Gast. Ist es komplett trocken und lässt sich in der Windel nichts verschieben? Dann ist die Windel noch unbenützt.

Mit ein wenig Übung kannst du eine gebrauchte Windel auch erriechen. Halte dir zur Übung eine frische, geruchsneutrale Windel vor die Nase und dann eine bereits gebrauchte. Merke dir den einschlägigen Geruch, falls er dir nicht ohnehin schon bestens geläufig ist.

Tipp: Willst du den Windelstatus weder erfühlen noch erriechen, so greife zur dritten Methode: Lege ein Stoff- oder Papiertaschentuch in die frische Plastikwindel. Ist es beim Öffnen der Windel nass, so hat das Kind zwischenzeitlich in die Windel gelullt.

Backup 2: Windelhose statt Klett-/Klebeverschluss

Erleichtere deinem (bereits etwa einjährigen) Kind die Umgewöhnung zur normalen Hose und wähle Windeln in Hosenform. Diese kann das Kind selbstständig rauf- und runterziehen. So ist es nicht auf fremde Hände angewiesen, wenn es seine Unterbekleidung öffnen und wieder schließen möchte.

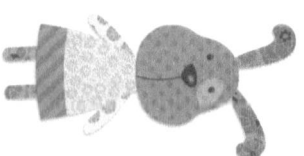

Tipp: Das für dich eventuell praktische Wickeln in Rückenlage fällt hier weg. Sobald dein Kind weiß, wie es stehen und gehen kann, auch wenn es sich dabei noch festhalten muss, ist die Rückenlage aber ohnehin Schnee von gestern.

Sollte einmal das große Geschäft in die Hose gegangen sein, so kannst du dein Kind zu Hause einfach in die Badewanne stellen und unterrum abduschen. Unterwegs bietet sich nach wie vor der klassische Wickelplatz an, der auch mit Hosenwindel aufgesucht werden kann.

Übrigens kannst du auch für Hosenwindeln die bei Backup 1 beschriebenen Dinge durchführen.

Backup 3: Stoff statt Plastik

Hier ist nicht der Einsatz von Stoffwindeln gemeint, sondern der Gebrauch sogenannter Trainerhosen. Im Internet findest du einige Versandhändler, die diese praktischen, im Schritt verstärkten Unterhosen anbieten.

Trainerhosen sehen aus wie normale Unterhosen und halten maximal einen Piesler auf dem Weg nach draußen auf. Fallweise und je nach Urinmenge aber nur in Kombination mit wasserabweisenden Überhosen (diese gibt es aus Plastik, Mikrofaser oder Wollfilz), da die Trainerhosen selbst hauptsächlich aus Baumwolle sind und mit normalen Windeln nicht viel gemeinsam haben.

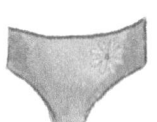

Tipp: Dein Kind kann bei der Verwendung der Trainerhosen schon richtige Unterhosen tragen, den Umgang mit ihnen üben und dennoch einen gewissen Nässeschutz erhalten.

Geht das große Geschäft in die Hose, so dient die Trainerhose allenfalls als Utensil zur Schadensbegrenzung und fängt die mehr oder weniger herausquellende Masse vorübergehend auf. Allerdings tut sie das besser als eine normale Unterhose, die ja nur einlagig ist.

Backup 4: Auflagen, Überzüge, Ersatzkleidung

Nachts warten besondere Herausforderungen auf die Windel-ade-Mission, denn auch kleinere Pannen hinterlassen muffelnde Erinnerungen. In der undichten Zeit wirst du deshalb froh sein, das Kinderbett vor Nässe geschützt zu wissen.

Wähle zu diesem Zweck zweilagige Matratzenschützer (z.B. solche, die rückseitig mit Folie beschichtet sind) und achte darauf, dass wirklich die ganze Oberfläche der Matratze damit bedeckt ist. Wenn ordentlich etwas daneben geht, ist das von der Menge her so, als würdest du ein volles Glas Wasser im Bett ausschütten.

***Tipp:** Bedenke, dass Kinder teils einen recht unruhigen Schlaf haben. Sie beschlafen dann alle Ecken ihres Bettes. Ein kleines Fleckchen Bettschutz ist daher unzureichend im Falle einer vollen Pieselladung.*

Sollte es die Matratze tatsächlich einmal erwischt haben, kannst du eine wasserdichte Lage abnehmen und auf die zweite wasserdichte Lage darunter vertrauen, die du in keine windelfreien Übungskinder. Nimm Verhandlungen auf und erkläre, dass dein Kind zu Hause schon so gut wie trocken ist und lediglich etwas Unterstützung benötigt.

Sollte man dennoch auf Plastikwindeln bestehen, so wähle Höschenwindeln, die dein Kind selbstständig aus- und anziehen kann, und erkläre deinem Kind, dass diese Spezialhosen wie eine Art Kindergarten-Arbeitskleidung zu sehen sind.

Damit dein Kind auf normale Unterhosen nicht verzichten muss, kannst du ihm unter der Höschenwindel eine Unterhose anziehen.

Tipp: Unterwegs hast du am besten immer eine Plastiktüte bei dir, in der sich eventuell angepieselte oder durch Kot verschmutzte Kleidung geruchsneutral verwahren lässt.

Auf diese Weise kann verunfallte Kleidung rasch und diskret eingepackt werden und braucht auch im Fall richtig übler Ausrutscher aufgrund mangelnder Vorbereitung nicht in der Mülltonne zu landen.

Zu Hause lässt sich alles in Ruhe, wenn das Kind schläft, auswaschen, und wenn du den Inhalt des Plastiksacks direkt in die Waschmaschine ausstülpst, brauchst du nicht einmal mehr auf Tuchfühlung zu gehen.

Wenn du öffentlich mit Kind unterwegs bist, kannst du spezielle Toilettenschutz-Auflagen in der Handtasche mitführen. Du bekommst sie im (Internet-)Handel unter dem Stichwort „WC-Brillenschutz". Diese, teils mit lustigen Motiven bedruckten, Papierauflagen sind zum einmaligen Gebrauch bestimmt und flutschen bei der Spülung ins Klo. Sie kosten nicht die Welt und geben dir und deinem Kind auch an öffentlichen Orten das gute Gefühl einer sauberen Sitzung.

Tipp: *Alternativ dazu bewährt es sich, die Klobrille vor der Benützung mit Klopapier abzuwischen. Mit etwas Geschick lässt sich Klopapier so auf der Brille positionieren, dass man eine Art Ersatz-Brillenschutz hat.*

Problematisch wird es mit versehentlichen Pieslern dann, wenn sie nicht nur in der Hose, sondern darüber hinaus in einer schlecht bzw. nicht waschbaren Textilschicht wie zum Beispiel dem Autositz landen. Für Autositze speziell gibt es in einschlägigen (Versand-)Läden pieselfeste, passgenaue Sitzauflagen.

***Tipp:*** *Kostengünstiger sind Einmal-Wickelunterlagen aus dem Drogeriemarkt. Die kannst du dann auf den Autositz legen, bevor das Kind darauf Platz nimmt.*

Was, wenn es doch mal passiert?

Für alle Textilien und anderweitigen Materialien, die nicht im Waschbecken oder in der Waschmaschine Platz finden, bietet sich eine bakterielle Lösung für die anschließende Wiederherstellung an.

Und zwar handelt es sich hierbei um nicht stinkende, sogenannte aerobe Bakterien, die sowohl Urin als auch Kot geruchsunschädlich machen. Sie tun das, indem sie bei ihrer Arbeit den stinkenden, nämlich den anaeroben Bakterien die Existenzgrundlage entziehen.

Führe eine Internetrecherche zum Schlagwort „Geruchskontrolle" durch, und du gelangst zu den erwähnten Produkten.

 *Tipp:* Diese Art der bakteriellen Geruchskontrolle ist übrigens, im Gegensatz zu handelsüblichen Produkten, unschädlich und übertüncht bestehenden Gestank auch nicht mit Duftessenzen. Die Bakterien fressen die Gestanksgrundlage einfach auf.

Zusammenfassend kann gesagt werden, dass sowohl beim Thema Vorsorge als auch Nachsorge im Fall von Unfällen in der Hose eine gute Vorbereitung auf den Ernstfall die halbe Miete ist.

Die Vorteile liegen klar auf der Hand:

1. Es entfällt der negative Überraschungs-Effekt, weil du dich auf einen möglichen Unfall gedanklich einstellst.

2. Du wickelst Zwischenfälle professionell ab und eignest dir im windelbefreiten Umfeld, wie früher beim Wickeln, eine gewisse Routine an.

3. Du gibst deinem Kind die nötige Sicherheit, auch im Nässe-Schmutz-Fall keine Weltuntergangsstimmung zu erzeugen. Egal, wo die Panne passiert.

4. Du ordnest Zwischenfälle dem normalen Alltag unter und stellst somit das gewöhnliche Ausscheiden nicht ins Rampenlicht.

Denk dran: *Eine Umstellung von der Windel auf die Toilette erfordert Zeit, Geduld und Fingerspitzengefühl. Immerhin hat sich dein Kind damals nicht selber für ein Hosenklo entschieden. Sei daher achtsam und schlau, wenn es nun um die Abgewöhnung desselben geht.*

Womit wir auch schon bei **Schritt 2** angelangt sind.

Schritt 2: Die Entdeckerphase

Nachdem wir bereits den ersten Schritt erklärt haben, wie ihr euch von der Windel verabschieden könnt, sind wir nun beim Kernstück der selbstständigen Sauberkeit deines Kindes angelangt: der Entdeckerphase.

In dieser lernst du – gemeinsam mit deinem Kind – den Körper und seine Signale richtig zu deuten und ein immer besseres Gespür für die dringenden Körpervorgänge zu entwickeln. Quasi nebenbei werdet ihr auch eure Kommunikation verbessern können, weil die Windel mit ihren verschlossenen Geheimnissen nun nicht mehr zwischen euch steht.

Tipp: *Das Abgeben von Körperflüssigkeiten oder Körperfeststoffen ist, wie wir bereits zu Beginn gesehen haben, nicht dem Zufallsprinzip unterworfen. Es gibt vielmehr relativ leicht nachvollziehbare Ereignisse und Zeitintervalle, auf Basis derer erwartbare Dinge passieren.*

Das kleine Geschäft

Fangen wir mit dem kleinen Geschäft an. Es passiert schließlich viel öfter als das große Geschäft und ist daher auch häufiger in der Hose bzw. im Topf. Lass dir also erklären, in welche Hauptkategorien sich das kleine Geschäft einteilen lässt und wie du es erfolgreich abfangen kannst.

Der Aufwachpiesler

Du kennst das: Nach dem Aufwachen verspürst du den dringenden Wunsch, Wasser zu lassen. Dieser absolut normale Vorgang spielt sich auch im Kinderkörper ab. Während des Schlafens hat die Niere weniger Urin produziert als untertags und die Blase war, genau wie das Kind auch, im Schlafmodus.

Nun aber, nach dem Aufwachen, möchte die Blase entleert werden und meldet sich mit einem Druckgefühl zu Wort.

Tipp: *Das erste glasklare Ereignis ohne Windel ist daher der automatische morgendliche Toilettengang direkt nach dem Aufwachen – der Aufwachpiesler.*

Sollte das Kind auch untertags schlafen, so ist jeweils direkt nach dem Aufwachen aus diversen Zwischenschläfchen ein Töpfchen- bzw. Klogang einzuführen, um den Aufwachpiesler untertags abzufangen.

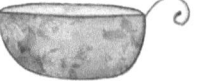

Hierbei gilt – wie bei allen anderen Pieslern – die Regel: Je kleiner das Kind, desto dringender wird es müssen, sobald es wach ist. Sei also rasch zur Stelle, wenn dein Kind aus dem Träumeland retour ist. Es braucht dich und den Topf nun sofort und ohne Verzögerung.

Doch was sich in der Theorie so einfach anhört, kann in der Praxis einige Hürden bereitstellen. Und das durchaus im wörtlichen Sinne.

Spezialfall: Nächtlicher Aufwachpiesler

Beim nächtlichen Aufwachpiesler sind bekannterweise alle Katzen grau und die Konturen im Kinderzimmer nur schwer auszumachen: Fehlende Kontraste und seltsame Spiegelungen machen das Wiedererkennen der ansonsten wohlvertrauten Umgebung im ersten Moment zum Ratespiel. Du kennst das bestimmt aus einem fremden Hotelzimmer oder von der Übernachtung bei Freunden.

Aber während du gewisse Strategien entwickelt hast (z.B. an der Wand entlangtasten), um dich zurechtzufinden, ist es für dein verschlafenes Kind besonders schwer, auf Anhieb richtig zu navigieren.

Der motorische Teil des Gehirns möchte nach dem Aufwachen erst einmal angesprochen werden, und da dieser wesentlich komplexer angelegt ist als die im Stammhirn verankerte Funktion der Blasen- und Darmkontrolle, kann ein Wettlauf mit der Zeit beginnen.

Daher ist es ratsam, sich an einem Leuchtstecker oder einem kleinen Tischlicht orientieren zu können.

Tipp: *Erfahrungsgemäß bewährt sich ein Nachtlicht, das entweder unentwegt aktiviert ist oder einfach durch das Kind selbst (Schalter oder Bewegungssensor, der bei Dunkelheit anspricht) angemacht werden kann.*

Das ideale Nachtlicht sollte weder zu hell noch zu dunkel sein und es darf den Schlaf nicht stören. Wenn der Weg zur Toilette aus dem Zimmer herausführt, so braucht es auch auf dem Gang eine passende, am besten dimmbare Nachtbeleuchtung. Und schließlich soll das Klo in der Nacht angenehm erhellt sein.

Wenden wir uns deshalb als Nächstes gleich einmal der notwendigen Transferleistung des Kindes zu, denn eine Bettpfanne wird es wohl kaum benutzen.

Idealerweise sucht das aufgewachte Kind selbstständig die Toilette auf und erleichtert sich dort. Dazu sollte der Weg dorthin frei von Hindernissen und Stolperfallen sein (z.B. herumstehende Schuhe, Laptoptasche und Reisetaschen vom Wochenende).

Ist das Klo zu weit entfernt, zu kühl oder der Weg dorthin unzumutbar (z.B. weil eine Treppe zu bewältigen ist), biete deinem Kleinkind ein stabiles Töpfchen direkt vor dem Bett an. So hast du die Chance, dass dein Kind nachts den nahen Ort der Erleichterung aufsucht, ohne dich zu wecken. Bedenke: Selbst wenn das perfekte Nachtlicht installiert ist, scheuen sich besonders ganz kleine Kinder, schlaftrunken über den Gang zum Klo zu wanken, um dort Wasser zu lassen.

 *Tipp:* Steht der Lieblingstopf direkt vor dem Bett, ist die Hemmschwelle der Benutzung sehr niedrig und das Kind wird sich leichter vom Gebrauchsvorteil dieser segensreichen Erfindung überzeugen lassen.

Versichere deinem Kind (bereits am Tag vor dem Einsatz), dass du das Töpfchen am nächsten Morgen leeren wirst und es sich darum keine Gedanken zu machen braucht. Übereifrige Pieselanfänger könnten sonst auf die Idee kommen, nach dem gelungenen Treffer ins Töpfchen die gesamte Angelegenheit überschwappend durch die Wohnung zu transportieren.

Grundsätzlich spricht natürlich nichts gegen Eigeninitiative. Ist diese jedoch schon so weit gediehen, dass sich das

Kind in der Lage sieht, das Töpfchen selbstständig zu entleeren, so ist es auf dem besten Weg, das Klo zu benutzen und ihr könnt euch wohl bald den Umweg über das Töpfchen sparen.

Viele Kinder bevorzugen nachts jedoch weder den direkten Gang zur Toilette noch die Topfbesetzung. Sie möchten vielmehr erstmal zu Mama oder zu Papa, um dort ihr dringendes Anliegen zum Ausdruck zu bringen und – gemeinsam statt einsam, wie sie es von einschlägigen Tageseinsätzen kennen – aufs Klo zu marschieren.

Tipp: *Geh einfach mit und spare dir Diskussionen zum Thema „Das schaffst du doch schon alleine". Ein irregulär losgewordenes Geschäft macht wesentlich mehr Umstände, als rasch zu zweit aufs Klo zu huschen.*

Du wirst unschwer bemerken, wann dein Kind wirklich bereit ist, ohne dich auf die Toilette zu gehen. Nämlich dann, wenn du nicht mehr als BegleiterIn angefordert wirst.

Leider verhält es sich mit dem Aufwachpiesler jedoch so, dass er nicht in allen Fällen bereits als echtes Pieselsignal erkannt wird und daher – öfters als die Piesler anderer Kategorien – in die Hose geht. Mit Windel war das kein Problem, aber nun, in der „Unten ohne"-Phase, gehört der verpasste Aufwachpiesler wohl zur Gattung der besonders ärgerlichen Piesler. Allein schon deshalb, weil er – auch bei vorhandenem Bettschutz – für viel Arbeit sorgt und am Tag die Waschmaschine füllt.

Fachinfo für dich: *Der Zeitpunkt, zu dem dein Kind den Aufwachpiesler als solchen erkennen und rechtzeitig abfangen kann, hat auch mit dem Alter des Kindes und den von ihm produzierten Hormonen zu tun. Stresst euch nicht mit dem vorschnellen Weglassen der Windel, sondern habt sie (eventuell in reduzierter Form als Stoff-Trainerhose mit Überhose) nachts noch so lange im Einsatz, bis der Nutzen ohne Windel den Schaden des nassen Bettes überwiegt.*

Das Vertrauen in die Fähigkeiten deines Kindes ist wichtig. Allerdings kann Nässe in der Nacht bereits erzielte Tageserfolge übertönen und für etliche Unstimmigkeiten innerhalb der Familie sorgen.

Dein Kind wird im Normalfall auch nachts trocken werden. Aber da du hier wesentlich rascher zur Stelle sein musst und deinen Einsatz als Klohilfe womöglich selber verschläfst, ist es hier umso schwerer, Erfolge zu erzielen, als dies tagsüber der Fall ist.

Schlafen und Pieseln

Kein gesundes Kind pieselt in der Tiefschlafphase. Es findet durch den Harndrang ein Übergang in eine Leichtschlafphase statt, der oft durch Wälzen oder Hin- und Herwetzen begleitet ist. Spätestens am Morgen bemerkst du dieses Phänomen.

Vielleicht fällt es dir aber auch schon nachts auf, wenn du von deinem (neben dir liegenden) Kind durch seine schlafuntypische Unruhe geweckt wirst.

 Tipp: *Denke in einer solchen Situation daran, dass dein Kind eventuell aufs Klo muss.*

Kleine Babys können bei geöffneter Schutzhose liegend auf ein Tuch pieseln, größere Kinder kannst du aus dem Bett heben und (zielsicher bei gedimmter Beleuchtung) vorsichtig aufs Töpfchen setzen. So lässt sich auch im Halbschlaf pieseln und anschließend trocken weiterschlafen.

Ideen fürs nächtliche Pieseln im Halbschlaf:

 Deinem kleinen Baby kannst du, wenn die Schutzhose geöffnet ist, eine wörtliche Anweisung zur Erleichterung (zum Beispiel: „Lull mal!") geben und sanft seinen Bauch kitzeln. Mit etwas Übung wird diese Art der nächtlichen Ausscheidungs-Kommunikation gelingen.

 Für größere Kinder hat sich das Ausnützen des Kälte-Reflexes bewährt. So kann es sein, dass dein größeres Kleinkind automatisch lospieselt, sobald es im Halbschlaf mit dringend zu entleerender Blase auf das kühle beziehungsweise nicht bettwarme Töpfchen gesetzt wird. Eventuell magst du zur Unterstützung den kindlichen Bauch dabei leicht anpusten.

Später, wenn dein Kind älter ist, brauchst du diese Hosen- und Töpfchen-Tricks nicht mehr. Dann wird es bei nächtlichem Harndrang selbstständig aufs Klo gehen. Genau wie du auch.

Folgende Dinge können den erfolgreich ins Töpfchen/Klo abgegebenen Aufwachpiesler zusätzlich erschweren:

Kalte Füße: Sie sorgen generell für häufigeren Harndrang, nicht nur nachts, und können gefühlt einen dauernden Pieseldrang erzeugen. Das braucht dein Kind aber nicht, sorge daher für warme Füße im Bett. Bettsocken bieten sich an, und für besonders verfrorene Kinder auch die bewährte Wärmflasche oder ein (in der Mikrowelle oder im Backofen) vorsichtig erwärmtes Dinkel- bzw. Kirschkernkissen.

Auch ein Lammfell/Schaffell oder eine weiche Wolldecke als Unterlage sind, vor allem im Winter, gute Wärmespender und fördern den tiefen Schlaf.

Tipp: *Wolldecken kannst du übrigens einige Stunden in Lanolin einweichen und auf diese Weise flauschiger machen und gleichzeitig auch wasserabweisender.*

Verrutschende Bettdecken: Sie sorgen für ein Abkühlen der Körpertemperatur in der (Tief-)Schlafphase, lassen dein Kind dadurch wach werden und aufs Klo müssen. Kleine Kinder sind deshalb in Schlafsäcken gut aufgehoben, weil sie ihre Bettdecke gerne kreuz und quer verteilen.

Achte darauf, dass der Schlafsack nicht zu groß ausfällt. Sonst wirkt er nicht, weil die Füße erst recht kalt bleiben.

Tipp: *Manche Kinderschlafsäcke sind verstellbar, man kann sie mit Reißverschlüssen oder Druckknöpfen vorübergehend kleiner und später dann wieder größer machen. Das spart Kosten, vor allem bei besonders hochwertigen Schlafsäcken. Bei einigen Modellen kann man auch die Ärmel abzippen und so die Winterversion in eine Übergangsversion verwandeln.*

Komplizierte Schlafsäcke/Nachtwäsche: Dein windelfreies Kind sollte diverse Reißverschlüsse und Knöpfe selber bedienen könne.

Tipp: *Knöpfe an Einteilern erweisen sich als unpraktisch im Unterschied zu sich bewährenden zweiteiligen Pyjamas, deren Hose einfach heruntergezogen werden kann.*

Wenn das Kind nach dem Heraussteigen aus dem Schlafsack elendslang mit dem einteiligen Pyjama beschäftigt ist, könnte es die Lust am Aufwachpiesler oder den Wettlauf mit der Zeit verlieren. So gesehen sind komplizierte Einteiler die perfekte Erfindung der Windelindustrie, nicht nur nachts. Sie garantieren nämlich einen äußerst langsamen Zugang zu den wichtigen unteren Körperstellen und lassen nicht zu, dass das Geschäft unverzüglich erledigt werden kann.

Mama/Papa nicht erreichbar: Dein Kind wacht auf und muss mal. Bist du oder ist eine andere Bezugsperson zur Stelle? Gut.

Vor allem in ungewohnter Schlafumgebung (Besuch bei Oma, Freundin, Übernachtung im Kindergarten) kann der ansonsten bereits recht gut abgepasste Aufwachpiesler wieder übel zuschlagen und in die Hose gehen.

 Tipp: *Spielt die Aufwachsituation am neuen Ort im Vorfeld gründlich durch – auch unter schwierigen Lichtverhältnissen.*

Erkläre deinem Kind, dass es am anderen Ort jederzeit nach der Toilette fragen und auch andere darum bitten darf, mit ihm gemeinsam aufs Klo zu gehen.

Beim Aufwachpiesler handelt es sich um einen der schwierigsten Piesler. Habt ihr den gut im Griff, ist schon sehr viel erreicht. Übt daher beständig an seiner zuverlässigen Abgabe, es lohnt sich!

Der Einschlafpiesler

Normalerweise suchen Erwachsene vor dem Zubettgehen die Toilette auf. Wir tun das eigentlich automatisch, weil wir wissen, dass man mit (halb-)voller Blase nur schlecht einschlafen kann und womöglich nachts durch den Blasendruck geweckt wird. Nun geht es darum, dem Kind zu erklären, dass der Einschlafpiesler – also das letzte Pipi vor dem Einschlafen – Sinn macht. Und zwar auch dann, wenn nur relativ wenig Pipi kommt.

Der Einschlafpiesler gleicht daher einem Systemneustart und fährt den Blaseninhalt vor der langen Nacht auf Level 0 bzw. den stets in der Blase zurückbleibenden minimalen Restharn herunter.

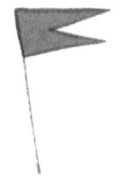

Es wäre überraschend, wenn dein bislang gewindeltes Kind den Einschlafpiesler ohne Skepsis annehmen würde. Es sei denn, du warst auch bislang schon vor dem Zubettgehen mit deinem Kind routinemäßig auf der Toilette. Da der Einschlafpiesler für den zufriedenen Nachtschlaf eine Grundbedingung ist, sollte auf die friedvolle Abhaltung desselben ausreichend viel Augenmerk gelegt werden.

Tipp: *Lass dir für den Einschlafpiesler eine schöne Klo- oder Töpfchen-Routine einfallen und führe ein Stofftier ein, das vor dem Zubettgehen auch stets ins Töpfchen/ Klo pieselt. Stelle deinem Kind zielführende Fragen, zum Beispiel diese:*

Der Mucki hat schon gemacht. Wie sieht's bei dir aus?

Am besten findet der Einschlafpiesler kurz vor dem tatsächlichen Einschlafen statt. Wenn du die Eindrücke des Tages Revue passieren lässt oder dein Kind noch eine lange Gute-Nacht-Geschichte bekommt, nach der ihr womöglich noch über dies und das redet, dann verlege den (zweiten) Einschlafpiesler eventuell auf die Zeit danach. Dabei gilt es, abzuwägen, ob dein Kind wirklich noch einmal muss oder ob du es durch unnötiges Denken ans Müssen aus einer bereits vorhandenen Ruhephase wieder hochhetzt.

Die Erfahrung mit dem Einschlafpiesler wird dir zeigen, was von beidem der Fall ist, und sobald dein Kind älter ist, wird es den Einschlafpiesler selber aktiv tätigen und zuverlässig entscheiden, wann es vor dem Zubettgehen das letzte Mal aufs Klo muss.

Tipp: *Angesichts des eventuell auch doppelt erforderlichen Einschlafpieslers (gerade Mädchen pieseln vor dem Schlafengehen durchaus mehrmals in kürzeren Abständen) wird einmal mehr klar, wie wichtig einfach zu bedienende Nachtwäsche (Schlafgewand, Schlafsack) ist. Sonst gerät das Ins-Bett-bring-Ritual zum Anzieh-Auszieh-Anzieh-Martyrium und keiner hat so rechten Spaß dran, aufs Klo zu gehen.*

Dass es kontraproduktiv ist, in der Stunde vor dem Zubettgehen noch recht viel zu trinken, weißt du aus eigener Erfahrung. Obwohl es wichtig ist, Kindern regelmäßig ausreichend Flüssigkeit (am besten Wasser) anzubieten, weil sie selber das Trinken vernachlässigen können (oder einfach aus Sicht der Erwachsenen nicht genug trinken), macht es keinen Sinn, das Trinken auf kurz vor das Einschlafen zu verlegen. Mit voller Blase schläft es sich einfach nicht sonderlich gut, und Pieselstopps oder sogar Pieselpannen sind dann vorprogrammiert.

Was nicht heißt, dass ein durstiges Kind nachts nichts trinken darf. Man sollte jedoch daran denken, dass das, was reinkommt, auch wieder raus muss. Und wenn das Rauskommen auf die Nacht verlegt ist, wird diese automatisch etwas aufwändiger.

Der Vor-und-nach-dem-Essen-Piesler

Nehmen wir nun einen anderen Piesler unter die Lupe, nämlich den Vor-und-nach-dem-Essen-Piesler.

Vor dem Essen bietet sich das Pieseln an, weil dann unnötiges Zappeln während des Essens entfällt, das auf notwendige Pieselei zurückzuführen ist.

Tipp: *Sollte während der Nahrungsaufnahme dennoch ein Piesler entlaufen, bemerkst du vielleicht, dass dein Kind beim Essen oder Trinken kurz starr wird und sich danach schüttelt – quasi als Zeichen dafür, dass es gerade gepinkelt hat.*

Der Vor-dem-Essen-Piesler ist jedenfalls dazu geeignet, Routinecharakter zu erhalten. Eltern können diesen Piesler dazu nutzen, gemeinsam mit dem Kind die Toilette bzw.

das Badezimmer aufzusuchen und sich – auch durch das Ritual der Handreinigung – gezielt auf das Essen vorzubereiten. Da Kinder gerne mit den Fingern essen, macht das kurze Händewaschen vor der Nahrungsaufnahme durchaus Sinn.

Auf den Nach-dem-Essen-Piesler ist gewissermaßen Verlass: Je mehr flüssigkeitsreiche Speisen sowie Getränke mit von der Partie waren, desto dringender wird sich der Nach-dem-Essen-Piesler ankündigen.

Hier darf allerdings – und das gilt generell für jeden Piesler – nichts erzwungen, sondern dem Kind die Pieselmöglichkeit lediglich angeboten werden. Sinnvollerweise in Kombination mit dem gründlichen Spülen des Mundes mit klarem Wasser zur Zahnreinigung sowie mit der neuerlichen Handreinigung. Nicht nur dann, wenn das Kind mit Freunde eigenhändig gegessen oder auch mal in die Tomatensoße gegriffen hat.

Diese taktilen Erfahrungen sollen Kinder unbedingt machen dürfen, damit sie ihre Welt nicht nur sprichwörtlich be"greifen" können.

Tipp: *Lass dich nicht von kritischen Blicken anderer Erwachsener irritieren, wenn davon ausgegangen wird, dass dein einjähriges Kind schon perfekt den Umgang mit Messer und Gabel beherrscht. Tischmanieren kann es später auch noch erlernen.*

Der Nach-dem-Essen-Piesler inklusive der Hand- und Mundreinigung hat, zusammengefasst betrachtet, eine mehr-in-1-Funktion, selbst wenn nicht gepieselt wird: Er unterstützt die Zahnpflege und sollte langfristig betrachtet ritualisiert werden.

Pieseltipp: *Weil wir gerade beim Thema Wasser sind – einige Kinder pieseln besonders gerne, wenn sie Wassergeräusche hören oder Wasser fühlen (und zum Beispiel einen Finger spaßeshalber ins Wasser tauchen). Sogar manche Erwachsene empfinden es als sehr angenehm, wenn beim Pieseln (an öffentlichen Orten) die Klospülung läuft oder gluckernde Geräusche zu hören sind. Sei erfinderisch und probiere aus, worauf dein Kind gut anspricht.*

Der Aufbruchspiesler

Bevor wir uns irgendwohin aufmachen, gehen wir meist nochmal zur Sicherheit auf die Toilette. Man weiß ja nie, wo das nächste Klo ist und vor allem, ob es den persönlichen und/oder hygienischen Ansprüchen entspricht.

Dieser kleine Aufbruchspiesler ist bei vorausschauenden Erwachsenen sehr beliebt, nur bei den Kleinen sorgt er oft für Unverständnis. Ein „Nein, ich muss nicht!" kann wenige Minuten später zu einem „Ich muss jetzt ganz dringend!" werden.

Und zwar genau dann, wenn es überhaupt nicht passt: zum Beispiel mitten auf der Autobahn, im Supermarkt oder sonstwo.

Werde erfinderisch, um dem verhinderten Aufbruchspiesler woanders eine zweite Chance als Unterwegspiesler zu geben. Und bitte ohne Gezeter! Deinem Kind fehlt einfach die langjährige Pieselerfahrung, um zwei Dinge einschätzen zu können:

 Erstens, wann es wieder muss, wenn es zu Hause noch nicht ultradringend musste, und

 zweitens, ob sich dieses Müssen bis nach der von Mama/Papa geplanten Aktivität Zeit lassen wird.

 *Tipp:* *Vorsorge ist besser als Nachsorge! Trage daher dazu bei, den Aufbruchspiesler im Routineprogramm zu verankern. Sei dir jedoch im Klaren, dass die erfolgreiche Durchführung des Aufbruchspieslers keine Garantie für spätere Non-Stop-Aktivitäten ist.*

Deshalb werden wir dem nun folgenden Piesler besondere Bedeutung beimessen.

Der Auswärtspiesler

Den Auswärtspiesler kennen wir alle: Nicht zu Hause und die Blase drückt.

Der Steinzeitmensch hat sich wohl hinter den nächsten Busch verdrückt – doch wo gibt es in unserem urbanen Leben noch pieselfreundliche Büsche?

Obwohl Skandinavien viele echte Büsche hat, finden sich dort in den Städten neuartige Büsche: Das sind öffentliche, großräumige, selbstreinigende Toiletten, die gegen Bezahlung für ein wahrlich genussvolles Kloerlebnis sorgen und dem Besucher auch Wasser, Seife und eine Trockenmöglichkeit zur Verfügung stellen.

Leider hat sich bei uns dieses wundervolle Stadt-Klo noch nicht breitbandig durchgesetzt. Somit müssen Busch-Alternativen her. Und zwar solche, die sommers wie winters kindgerechte Pieseleien ermöglichen.

Die Herausforderung liegt in den folgenden drei Auswärtspiesler-Kategorien:

a) Auswärtspiesler drinnen

Findet der Auswärtspiesler in einem Haus mit Toiletten statt, so wird mit etwas Durchfragen der Gang zur nächsten wasserbetriebenen Abflussstätte möglich sein. Dies ist vor allem dann wichtig, wenn das große Geschäft ansteht.

Dumm nur, wenn man sich drinnen aufhält und absolut kein Klo aufzutreiben ist oder du gerade mit dem vollen Einkaufswagen an der langen Kassenschlange anstehst und schon die Nächste bist.

Tipp: *Deshalb gilt bei Windel-Übergangskindern mit beschränkter Blasenkapazität: Als erwachsene Begleitperson sollst du stets Ersatz-Auffanggefäße bei der Hand haben.*

Bewährt haben sich, wie bereits weiter oben erwähnt, neutral wirkende Sandspieleimerchen mit Henkel, auf denen Mädchen wie Jungen diskret Platz nehmen können. Sogar im Flugzeug oder im Supermarkt.

Jungen haben überdies die Möglichkeit, eine leere Flasche zu befüllen. Am besten beides zu Hause spaßeshalber einmal üben.

Ist dein Kind noch recht klein, kannst du es im Innenbereich – mit dem Kinderrücken an deinen Bauch, die Kinderschenkel von außen greifend – über ein Waschbecken halten und das Lulu anschließend mit einer Handvoll Wasser beseitigen. Diese Variante eignet sich natürlich auch für den häuslichen Einsatz.

Achte aber darauf, *dass sich dein bereits kloselbstständiges Kind durch das passive Abhalten in seinen Fähigkeiten nicht eingeschränkt oder auf ein jüngeres Alter reduziert fühlt.*

b) Auswärtspiesler draußen

Beim Auswärtspiesler draußen unterscheiden wir zwischen dem, der sich diskret in der Natur verrichten lässt, und jenem, der in bewohntem Gebiet stattfindet.

Für Ersteren bietet sich tatsächlich der berühmte Busch an, aber es reicht für Kinderpiesler auch ein kleines Bäumchen oder eine Mauer, hinter der man sich verstecken kann. Jungen tun sich hier sowieso etwas leichter als Mädchen und können aus dem vollen Pieselumfeld-Angebot schöpfen, ohne darauf achten zu müssen, dass ihre Bekleidung bzw. die Schuhe nass werden.

Für den urbanen Piesler kommt beispielsweise der nächste Gullideckel in Frage, aber auch die als Blickschutz dienende Autotür. Es reicht zur Not aber auch, wenn sich Mama und Papa schützend vor das Kind stellen oder es, unter den Kniekehlen fassend, beim Ausscheiden unterstützen.

c) Spezialfall Auto

Der Auswärtspiesler im Auto bildet einen Spezialfall für den geschlossenen Innenbereich.

Während im Zug, im Flugzeug oder auf dem Schiff die Mutter wohl kaum der Zugführer, Pilot oder Kapitän ist und, außer während der Start- und Lande- bzw. Abfahrts- und Ankunftsphase, das Pieseln an diesen Örtlichkeiten sehr wohl möglich ist (teils unter Zuhilfenahme der oben beschriebenen Ersatz-Auffanggefäße), ist das im Auto bekannterweise nicht der Fall. Hier muss zum Pieseln stets angehalten werden, denn selbst die Flaschenvariante ist für Jungen aufgrund der eingenommenen Sitzposition im Kindersitz kaum durchführbar.

Anhalten ist daher die Devise, aber nicht um jeden Preis. Sicherheit geht vor – das gilt besonders für Autobahnen, deren Standstreifen kein geeigneter Pieselort ist. Ein Piesler im Kindersitz ist einer unüberlegten Fahrentscheidung mit Gefahrenpotenzial vorzuziehen.

 Tipp: *Solange das Kind nach der Meldung „Ich muss mal Pipi" noch keine 10 Minuten durchhalten kann, ist es klug, den Kindersitz mit Wickelunterlagen auszukleiden.*

Nach dem Anhalten gilt all das, was zum Auswärtspiesler draußen bereits gesagt wurde.

Der Superdringendpiesler

Vielleicht hast auch du schon einmal besonders starken Kaffee getrunken und musstest dann im absoluten Eilexpresstempo aufs Klo.

Express-Tipp: *Fackel beim Superdringendpiesler nicht lange, sondern setze eine Aktion in die richtige Richtung, sonst geht die Chose in die Hose! Schließlich ist es einerlei, warum das Kind schon wieder muss.*

Konnte der Superdringendpiesler – z.B. durch zeitraubendes Hinterfragen und Lamentieren – nicht mehr abgefangen werden, brauchst du nämlich erst recht Zeit, um dein Kind mit Ersatzkleidung auszustatten.

Der vergessene Spielpiesler

Da denkt das Kind an lauter schöne Dinge, und ups – macht es Bekanntschaft mit dem vergessenen Spielpiesler.

Auch Klo-Profis kann ein solches Malheur geschehen. Sogar dann, wenn sie schon jahrelang trocken und sauber waren.

Hilf deinem Kind dabei, den vergessenen Spielpiesler durch etwas mehr Achtsamkeit und das Hören auf die eigenen Körpersignale das nächste Mal rechtzeitig zu erkennen, bevor er am falschen Ort landet. Ein Anreiz hierfür ist, dass ohne vergessenen Spielpiesler mehr Zeit zum Spielen bleibt, da das lästige Umziehen wegfällt.

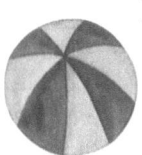

Tipp: *Damit dein Kind keine Sorge zu haben braucht, dass das Spielen während des Pieselns ohne es weitergeht machen auf Kinderwunsch alle eine solidarische Spielpause, wenn mal wer muss.*

Der Zuvielgetrunkenpiesler

Dein Kind wird mit der Zeit ein gutes Gefühl dafür entwickeln, wann es auf die Toilette muss und wie sich die Blase anfühlt, bevor sie gefühlsmäßig platzt.

Der Zuvielgetrunkenpiesler macht diese eigenständige Einschätzung aber unter Umständen zunichte. Und zwar dann, wenn sich dein Kind in einer noch nie da gewesenen „Befüllsituation" befindet und zum Beispiel bei einem Fest oder auswärts bei Freunden in kurzer Zeit übermäßig viele Säfte, Tees etc. trinkt. Dann könnte es passieren, dass ein ansonsten leicht abzufangender Piesler in die Hose geht und selbst der Einschlafpiesler zur ausreichenden Blasenentleerung nicht ausreicht.

Mit einem Wort: Der Pieselrhythmus ist durcheinander.

Tipp: *Erkläre deinem Kind, woher der Zuvielgetrunkenpiesler kommt, und dass übermäßiges Trinken innerhalb kurzer Zeit mehr Klogänge als üblich erforderlich macht.*

Der kranke Piesler

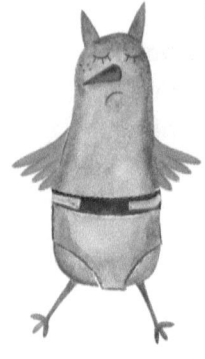

Der kranke Piesler kann alle anderen Piesler in den Schatten stellen. Er übernimmt fallweise die Kontrolle über bereits bekannte Routinen. Sowohl für dich als auch für dein Kind heißt es im krassesten Fall: Klein beigeben und notfalls eine Windel anziehen oder ein nasses Bett bzw. nasse Kleidung in Betracht ziehen.

Du wirst merken, ob dein krankes Kind die Blasenkontrolle zeitweise verliert. Reicht der Schutz der Kleidung nicht mehr aus, so betreibe an der Schlaf- bzw. Erholungsstelle Schadensbegrenzung. Vor allem dann, wenn sich das kranke Kind beispielsweise auf dem nicht mit Matratzenschutz ausgestatteten Sofa ausruht.

 Tipp: Saugfähige Handtücher und darunter ein auseinandergeschnittener Plastiksack helfen, das Textilgewebe vor Nässe zu schützen.

Tröste dein möglicherweise betrübtes Kind. Erkläre ihm, dass die nasse Hose mit dem kranken Piesler zu tun hat, denn der Körper verstärkt im Krankheitsfall die Ausscheidung über die Nieren. Daher ist eine ausreichende Flüssigkeitszufuhr wichtig, die mitunter eben auch in einen kranken Piesler münden kann.

Lass dich vom kranken Piesler nicht ins Bockshorn jagen und dir glauben machen, dass dein Kind wieder das Hosenklo braucht! Dein Kind hat nichts verlernt, lediglich der kranke Piesler hat dazwischen gefunkt.

Das große Geschäft

Das große Geschäft sollte standesgemäß abgehalten werden und von dir als primäre Bezugsperson entsprechende Würdigung erfahren. Freue dich daher gemeinsam mit deinem Kind über das große Geschäft und dessen vollständige Abgabe in Töpfchen oder Klo.

Tipp: *Motiviere dein Kind und erkenne auch die kleinsten Erfolge beim großen Geschäft an. Immerhin tust du dir damit selbst den größten Gefallen, wenn du den Po deines Kindes nicht mehr von plattgedrückter oder leicht angetrockneter bräunlicher Masse befreien musst und dein Kind kein tägliches Mehrfachbaden benötigt, damit der muffige Restgeruch verschwindet.*

Auch sparst du dir das tägliche Entleeren des stinkigen Windeleimers, sobald die festen Ausscheidungen deines Lieblings am richtigen Ort – nämlich dem Töpfchen oder Klo – landen.

Die große Ankündigung: Das Pupsen

Kommen wir zunächst zur entscheidendsten Grundkenntnis, nämlich dem Entdecken der Ankündigung des großen Geschäfts.

Oftmals kündigt es sich ja, wie du von dir selbst weißt, durch unüberriechbare Pupse an. Dein Kind druckst kaum merkbar herum, es duftet unangenehm, und genau jetzt kannst du die Frage stellen:

Oh! War das vielleicht ein Pups?

Ihr könnt euch einen Spaß daraus machen, Pupse untereinander zuzugeben. Denn auch Mama und Papa haben immer wieder mal welche auf Lager, und in Salzburg sagt man so schön: „Wer rülpst und foazt, der braucht koan Oazt." („Wer rülpst und furzt, der braucht keinen Arzt.")

Tipp: *Vermittle deinem Kind, dass ein Pups wegweisende Funktion hat. Es zeigt ihm, dass es sich wohl bald auf die Toilette zu begeben hat. Ein Pups ist sehr oft die Ankündigung für das große Geschäft und hat erhöhte Aufmerksamkeit verdient.*

Viele Mitmenschen empfinden es als ungehörig, wenn in Gesellschaft anderer ungeniert drauflos gepupst wird. Daher sollte sich das hemmungslose Pupsen auf den Familienkreis beschränken.

Doch zurück zum großen Geschäft: Manchmal, nach besonders intensiver Pupserei, lohnt es sich, das Töpfchen bzw. Klo auch ohne akut dringenden Darmdrang zu besetzen und für einige Zeit entspannt dort zu verweilen. Denn: Was nicht ist, kann ja noch werden.

Von überlangen Sitzungen ist aber dringend abzuraten. Sie nerven das Kind und erzeugen Klofrust mit all seinen unerwünschten Nebenwirkungen (unkontrollierte Piesler und Stinker-Unfälle). Insbesondere, wenn Mama zu einem unpassenden, weil viel zu frühen Zeitpunkt proaktiv zum „Drück mal ganz feste!" auffordert.

Tipp: Die ersehnte, wohlgeformte Wurst wird (nahezu) von alleine kommen. Wenn sich das Kind ausreichend bewegt und – ganz wichtig – wenn die Ernährung stimmt.

Zu Omas Zeit gab es viel Gemüse und Obst, Joghurt, Käse, recht wenig Fleisch, noch weniger Süßigkeiten – und eine ausreichende Flüssigkeitszufuhr (Oma trank am liebsten Wasser). Für die beste aller Würste brauchen wir nämlich eine passende Rutschbahn. Die will feucht und flutschig sein!

Eine Schoko-Brötchen-Cola-Verstopfung hilft da nicht weiter, sie verwandelt ansonsten perfektes Flutsch-AA vielmehr in eine klebrig-bockige Geschichte.

Ran also an Omas „Raus damit!"-Rezept, das in hartnäckigen Fällen auch eingeweichte Trockenpflaumen parat hält und zu ganz entzückend wunderbar tönenden Pupsen führt. Wenn diese dann richtungsweisend helfen und das AA – als Geruchsmotor, quasi – voran zum Ausgang treiben, dann ist ein Happy End mit Wurst in Sicht.

Es tanzt ein Di-Da-Drückemann ...

Festes Drücken mit dem berühmtem „hmmrrrhhöö"-Laut ist dir ein Begriff, und nachher gibt es meist etwas zu tun? Dann fische dir dein Kind beim nächsten Tönen doch rechtzeitig und pflanze es auf Töpfchen oder Klo, bevor die Sache sichtbare und riechbare Spuren in der Hose hinterlässt.

Die reife Wurst kommt zwar, wie gesagt, nahezu von alleine, mithelfen muss man manchmal trotzdem noch. Und dass das, besonders für die Kleinen, durchaus ein wenig anstrengend ist, sieht man auch schon in Zeiten des Hosenklos in ihrem Gesicht:

Der Kopf wird rot, sie pressen und stoßen Laute der Anstrengung aus.

Somit ist das AA-Machen, im Unterschied zum Gelegenheitspiesler, der ja lautlos abgegeben werden kann, eine äußerst offensichtliche Angelegenheit.

Tipp: *Im Vorfeld des einschlägigen Tönens kannst du unter Umständen beobachten, wie dein Kind etwas nervös herumtänzelt. Eventuell sucht es schon das Weite, d.h. es entfernt sich von dir oder geht aus der Spielsituation heraus, weil es gewohnt ist, das große Geschäft alleine abzuwickeln.*

In einem solchen Fall kannst etwa die Frage stellen:

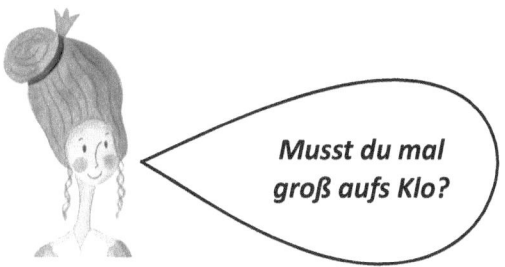

Musst du mal groß aufs Klo?

Sollte dein Kind seine Privatsphäre schätzen und nicht wollen, dass du beim festen Ausscheiden mit von der Partie bist, dann biete ihm an, die Windel abzunehmen und dich danach zurückzuziehen.

„Ruf mich, wenn du mich brauchst" ist ein Angebot, das du in diesem Kontext machen kannst, oder „Sag mir, wenn ich beim Putzen helfen soll".

Auch Putzen will gelernt sein

Wenn es ans Eingemachte bzw. Ausgeschiedene geht, hat speziell das Putzen nähere Beachtung verdient, weswegen wir näher darauf eingehen möchten.

Grundsätzlich gilt: Nach dem großen Geschäft sollte immer geputzt werden, ganz gleich, wie perfekt die Wurst war. Mag der Steinzeitmensch – ähnlich wie ein Hund oder eine Katze – ohne Abputzen zurechtgekommen sein, so hat sich heute jedoch aufgrund einiger kultureller Änderungen bei Nahrung, Bewegung und Stuhlverhalten einiges geändert.

Tipp: *Trotzdem tut es in der freien Natur auch schon mal ein Blatt, falls kein Papiertuch zur Hand ist.*

Ganz kleine Kinder können das Putzen noch nicht selbstständig durchführen und brauchen daher deine Hilfe. Sie wollen es aber unter Umständen schon selber probieren.

Das ist gut! Je früher dein Kind selber ans Putzen des Popos denkt, desto eher wird es eine Popo-Putz-Kompetenz entwickeln.

Oma war beim Putzen mit dem Papier zwar recht sparsam, sie hatte aber auch schon gut 70 Jahre Erfahrung. Ein Kind in der Übungsphase wird, verglichen mit Oma, einen deutlich erhöhten Klopapierbedarf haben.

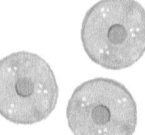

 ***Tipp:*** *Gönn deinem Kind den Spaß am Hände-umwickeln und zeige ihm nach und nach Tricks, wie man auch mit wenigen Blättern auskommt. Achte in der Hochverbrauchsphase auf Schnäppchen und lagere einen guten Vorrat an Lieblingsklopapier ein, so siehst du über die erhöhte Klorollenwechselfrequenz gelassener hinweg und bist immer gut und günstig bestückt.*

Das beste Klopapier nützt nichts, wenn es im Einsatzfall nicht griffbereit zur Stelle ist. Halte in der Wohnung in der Nähe des stillen Örtchens bzw. Töpfchens einige Ersatzrollen parat und lagere erst die Nachfüllrollen zweiter Ordnung an schwieriger zugänglichen Orten.

 ***Tipp:*** *Bedenke, dass Kinder Klopapier gerne abwickeln, wenn sie eigenständigen Zugang dazu haben. Richte also dein Einlagerungsverhalten danach, damit dein Kind keine sinnlosen Müllberge produziert.*

Das Klopapier soll nicht zu dünn, aber auch nicht zu starr und dick sein soll.

Tipp: *Achte außerdem auf seine Reißfestigkeit. Es soll sich nämlich auch einhändig gut abreißen lassen und außerdem mit dem Klopapierrollenhalter gut eingespielt sein.*

Dauerabrollkatastrophen gehen gar nicht. Du brauchst ihren Zweck erfüllende Helfer ohne Macken. Was die Klorollenhalter angeht, gilt daher: Tausche ohne zu zögern sich nicht bewährende Modelle gegen bessere aus.

Nach dem Klopapier-Einwurf kommt das Spülen, und das kann zum Desaster werden, wenn das Kind im übereifrigen Putzrausch gefühlte Tonnen an Toilettenpapier versenkt hat.

Regelmäßiges Spülen ist daher eine Voraussetzung dafür, dass du nicht zusehen musst, wie dein Klo überläuft und das nicht abfließende Wasser Wellen in Bad/Toilette schlägt.

Tipp: *Bring deinem bereits alleine spülenden Toiletten-Kind bei, regelmäßig zu spülen und auf riesige Toilettenpapierberge im Klo zu verzichten.*

Für Aktivitäten am Töpfchen hältst du am besten einen auswaschbaren Klopapiereimer parat, der zum Einsatz kommen kann, sollte das Töpfchen mal überlaufen.

Das liebevoll ausgeführte Putzen mit dem Toilettenpapier zeigt keinen zufriedenstellenden Erfolg? Dann brauchst du etwas Feuchtes. Ein Toilettenpapierbefeuchter, feuchtes Toilettenpapier oder ganz einfach auch nur Wasser sind verlässliche Helfer.

 ***Tipp:*** *Wenn du mit dem Töpfchen mitten im Zimmer unterwegs und nichts davon griffbereit hast, dann ist Spucke (auf ein paar Blatt Klopapier gespuckt) das erste Mittel der Wahl.*

Spucke ist stets in Körpertemperatur verfügbar und fühlt sich viel besser an als ein kalter Waschlappen. Außerdem hat sie durch ihre sagenhafte Mischung einen hohen Reinigungswert. Als Mutter weißt du, dass Spucke einfach unersetzlich und, speziell für die Zwecke der raschen Kinderreinigung unterwegs, perfekt geeignet ist.

Nach dem Putzen kommt das Waschen – speziell für Kinder, die den Po selbstständig poliert haben.

Hierbei geht es jedoch nicht um übertriebene Hygiene (zu viel Waschen schädigt die gesunde Hautflora, auch willst du dein Kind nicht an einen krankheitswertigen Waschzwang heranführen), sondern einfach um eine geruchsneutrale Wiederherstellung des Urzustandes.

Tipp: *Wenn dein Kind sagt, es hat die Reinigung nach dem großen Geschäft bereits vollzogen, dann schnuppere doch kurz und unverfänglich an seinen Händen. So weißt du im Nu, ob es Nachbesserungsbedarf gibt oder nicht.*

Praktischerweise bringst du deinem Kind in einer ruhigen Minute das korrekte Händewaschen bei, dann sparst du dir künftig die Kontrollnase:

Die Finger einige Sekunden bis zur Handwurzel einseifen und auch die Fingerzwischenräume und die Handmitte mit Seifenschaum bedecken und die Hände sorgfältig aneinanderreiben. Den Handrücken nicht vergessen. Anschließend ordentlich abspülen.

Geschäftemacherei unterwegs

Die Geschäftemacherei unterwegs macht auch vor Ausflügen nicht Halt. Es könnte ja so schön sein, aber dann kommt er: Der ungeliebte Moment, wenn du im Nirgendwo stehst und deinem Kind an der Nasenspitze ansiehst, **dass etwas im Busch ist.** Noch etwas mehr Druck baut sich auf, wenn dein Kind dir sagt, dass es mal groß muss. Und zwar sofort.

Erfahrene Mütter bringt so leicht nichts aus der Ruhe, aber als Neu-ohne-Windel-Mama gerätst du vielleicht in Verlegenheit.

 *Tipp:* *Bleib auch jetzt gelassen und halte dir stets vor Augen, dass es bislang gesellschaftlich ja auch akzeptiert war, eine ordentliche Ladung AA ins Hosenklo zu drücken.*

Von der Bekanntgabe des zu erwartenden Ereignisses bzw. vom Zeitpunkt, an dem du gemerkt hast, dass es wirklich dringend ist, bis zur tatsächlichen Ausscheidung vergehen wahrscheinlich nur wenige Minuten. Rasches Handeln ist daher gefragt, und einmal mehr bewährt sich der mitgeführte kleine Sandspieleimer. Kleide ihn vor Beginn des Pressvorgangs nach Möglichkeit mit einem Taschentuch aus, dann machst du dir die Hände weniger schmutzig. Auch gelingt die Reinigung hinterher flotter.

Eventuell hast du aber auch noch genug Zeit, um dich nach einem anständigen Klo mit Spülung durchzufragen. Weise die Leute um dich herum stets darauf hin, dass es wirklich dringend ist und dass das kleine Kind groß aufs Klo muss. So wirst du auch auf jene Toiletten dürfen, die sonst nur Mitarbeiter benützen dürfen (Personaltoiletten) oder gar privat sind.

Wenn du dich in freier Natur bewegst, kannst du, wie bereits weiter oben erwähnt, einfach ein Stück Zeitungspapier oder anderes geeignetes, schnell greifbares Material unterlegen, in das du das Ergebnis hinterher einschlägst und in den nächsten Mülleimer wirfst.

 Tipp: *Auch hier wird deutlich, dass eine Packung Taschentücher stets gute Dienste leistet – vor allem für hinterher.*

Für das Händewaschen unterwegs eignet sich eine Flasche Leitungswasser, die du mit kleinem Kind im Gepäck sowieso immer dabei haben solltest. Falls alle Stricke reißen, können Hände auch mit Spucke sauber gemacht oder im Gras abgewischt werden.

Eventuell findet sich aber auch ein nahegelegenes Restaurant oder Ähnliches, wo ihr kurz Unterschlupf finden und euch reinigen könnt, oder du verwendest für die Handreinigung feuchte Einwegwaschlappen bzw. Feuchttücher, die du bislang als Wickelutensilien dabei hattest.

Das Wichtigste zur Wurst kompakt

An dieser Stelle das Wichtigste fürs Große zum raschen Drüberlesen zusammengefasst:

 Stelle die (eventuell nonverbal ausgesandte) Information deines Kindes, Groß aufs Klo zu müssen, als Priorität 1 ganz nach oben. Andere Dinge können warten, der saubere Po geht vor.

 Biete deinem verdauenden Kind stets Töpfchen- oder Klobegleitung an. Dies gilt natürlich auch für das kleine Geschäft, insbesondere aber für das große, allein schon für das Putzen hinterher.

 Denke dran, dass fremde Blicke stören können, wenn DU auf dem Klo sitzt und groß musst. Auch dein Kind könnte sich beim Ausscheiden unangenehm beobachtet fühlen und dann das große Geschäft verdrücken und an einem heimlichen Ort (in die Hose) abgeben. Respektiere daher die Privatsphäre deines Kindes und finde sorgsam heraus, ob es deine Anwesenheit schätzt oder nicht, und ob du eventuell erst später vonnöten sein wirst (zum Putzen, Töpfchen reinigen oder Spülen).

Tipp: *Dränge dich nicht auf, selbst wenn du neugierig bist. Du wirst von weiter weg auch an den Geräuschen deines Kindes merken, ob es zufrieden abgibt oder dich für eine Hilfsaktion braucht.*

Nicht jedes Kind muss täglich Groß aufs Klo. Kinder sind höchst unterschiedlich veranlagt, selbst wenn sie dasselbe zu essen bekommen.

Tipp: *Achte, damit es flutscht, jedoch auf eine passende Ernährung und ausreichende Flüssigkeitszufuhr. Auch Bewegung an frischer Luft ist für Kinder – und für dich – sehr wichtig!*

 Wenn es mal „hängt", können bestimmte Bewegungsabläufe aus dem Yoga helfen (z.B. Drehsitz), den Darm in Schwung zu bringen.

 Bei sehr kleinen Kindern hilft außerdem das enge Tragen am Körper (z.B. in einer Komforttrage oder im Tragetuch), den Kinderbauch warm und Kindleins Eingeweide geschmeidig zu halten, denn allzu störende Pupse entweichen beim nahen Tragen oftmals von selbst.

 Auch eine Bauchmassage (z.B. mit Windsalbe oder Bäuchlein-Öl) kann angenehm sein und stärkt – über den Effekt der Verdauungserleichterung hinaus – die Eltern-Kind-Bindung.

Der rasche flotte Durchmarsch

Ui! Fast hätten wir den raschen, flotten Durchmarsch vergessen! Hoffentlich wirst du nicht allzu oft damit konfrontiert werden, dass das Große so schnell ist wie das Kleine – und wenn doch, nimm es locker und betreibe Schadensbegrenzung.

Wenn dein Kind schon groß genug ist, aufs Klo zu gehen, schafft es im Fall des überschnellen Falles vielleicht sogar diesen Weg. Kleinere Kinder werden jedoch unweigerlich Bremsspuren oder sogar deutlich mehr als das in der Hose haben. Das braucht dich nicht zu beunruhigen, denn von Durchfall sind wir alle irgendwann einmal geplagt.

Tipp: Kinder legen eventuell noch nicht einen so großen Fokus darauf, ihre Umgebung unbehelligt zu lassen, daher heißt es: Genau so rasch sein wie der Durchfall!

Trage dein Kind im Fall der flüssigen vollen Hose möglichst aufrecht in Richtung Klo oder weise es an, ganz still stehen zu bleiben.

Versuche dann (am Klo oder an Ort und Stelle), die Bekleidung möglichst geradlinig nach unten abzustreifen, ohne die Beine des Kindes zu beschmutzen.

Verschmutzte Bekleidung ineinander falten und zum Ausspülen ins Waschbecken geben.

Unterwegs kannst du Schmutziges in einen Plastiksack oder Ähnliches tun.

Der Umzug in die Waschmaschine empfiehlt sich, je nach Ausscheidungsmenge, erst nach dem Ausspülen. Hierzu reicht es, wenn du den Wasserhahn aufdrehst und dafür sorgst, dass möglichst viel mitgenommen wird. Du brauchst dir nicht die Hände schmutzig zu machen.

Meist gibt es flüssige Spuren vom Po abwärts. Die werden am besten zuerst abgeputzt, da sie sonst unkontrolliert weiterlaufen.

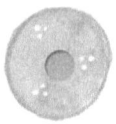

Hat dein Kind weiterhin Durchfall, rate ihm, einige Blatt Klopapier in die Unterhose zu legen, dann sind der Zeitpuffer und die Chance größer, heil aus der Sache rauszukommen.

Nachts ist es ratsam, den Bettschutz zu verstärken, z.B. mit einer aufgeschnittenen Plastiktüte unter einem großen Handtuch.

Sei sicher: Der Durchfall wird vergehen. Und nach dem ersten richtigen Durchmarsch hat dein Kind auch dieses Spezialereignis kennengelernt. Ein wichtiger Schritt in Richtung selbstständiger Sauberkeit ist getan!

Schritt 3: Die Gewinnerphase

Gratulation! Du bist nun schon in der Gewinnerphase angelangt und hast die Ausscheidungsrhythmen deines Kindes inzwischen recht gut kennengelernt. Alles weißt du jedoch noch nicht, und auch das ist normal und lediglich ein Beweis dafür, dass du flexibel genug bist, dich täglich auf Neuigkeiten einzustellen.

Versuche nun, deine Fähigkeiten weiter zu stärken, und schenke den folgenden Themen intensive Beachtung.

Auf das Timing kommt es an

Bei genauerer Beobachtung stellst du fest, dass dein Kind eine gewisse Zeit nach einer bestimmten Aktion das Bedürfnis hat, sich zu erleichtern. Weil du schon weißt, dass nach Aktion A, B oder C etwas Bestimmtes ansteht, kannst du dir übermäßiges Fragen nach dem Klogang sparen und selbstsicher werden im Umgang mit Topf und Klo.

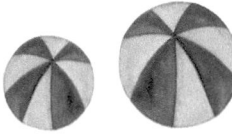

Aktionen, die nach einer gewissen Zeitdauer Klogänge zur Folge haben, können zum Beispiel die folgenden sein:

Schlafen: Fast jeder von uns muss nach dem Aufwachen pieseln, manche möchten dann auch ihr großes Geschäft abgeben. Sei dir also gewiss, dass dein Kind rasch nach dem Aufwachen zumindest fürs Kleine das Töpfchen/Klo aufsuchen wird und du ihm den Weg dorthin erleichtern bzw. Begleitung anbieten solltest. Ein Töpfchen vor dem Bett bietet sich für kleine Kinder an und ein stolperfreier Weg zum Klo für die etwas größeren.

Trinken: Abhängig von der getrunkenen Menge und der Art der Flüssigkeit (z.B. harntreibende Tees und Säfte, aber auch Früchte wie Wassermelone) wird dein Kind in einem gewissen Abstand nach dem Trinken aufs Klo müssen. Sieh dich also speziell in fremder Umgebung (z.B. Restaurant) rechtzeitig nach einem Klo für deine Kinder um, damit keine Hektik ausbricht, wenn es so weit ist.

Essen: Nicht selten möchten Kinder das große Geschäft abgeben, wenn sie gegessen haben. Fallweise geschieht dies sogar während des Essens. Entwickle ein Gespür dafür, wann dein Kind muss und wie es sich verhält, wenn oben nichts mehr rein passt, weil unten etwas raus will.

Starrheit: Du kennst das von dir: Nach einer langen Autofahrt, bei der du nahezu unverändert gesessen bist, bewegst du dich wieder und musst unweigerlich aufs Klo.

Auch deinem Kind geht es so, wenn es im Auto oder beim Spielen längere Zeit eine bestimmte Position eingenommen hat und nun, nach einer Veränderung seiner Körperlage, der Blase bzw. dem Darm ein Aktivitätssignal gibt.

Typische Fälle von Harndrang treten bei kleinen Kindern übrigens nach dem Tragen im Tragetuch auf. Sobald sie herausgenommen wurden, pieseln sie fast automatisch.

Auch im Kinderwagen bietet sich ein ähnliches Bild, und du kannst davon ausgehen, dass dein Kind nach längerem Sitzen im Kinderwagen mal muss, sobald es sich bewegt und z.B. aufsteht, weil ihr am Spielplatz angekommen seid.

Tipp: *Biete deinem Kind daher anlässlich des „Erwachens aus der Starre" prompt eine Möglichkeit an, sich zu erleichtern.*

Klo-Intuition entwickeln

Als Gewinnertyp entwickelst du nach und nach eine immer feinere Nase für die Klo-Intuition. Du kombinierst die bereits bekannten Aspekte, Vorgänge und Zeitdauern mit noch unbekanntem Terrain und schließt so noch offene Lücken der kindlichen Ausscheidungswissenschaft.

Dabei fällt dir zum Beispiel auf, dass dein Kind gerade dann in die Hose gemacht hat, als du daran dachtest, dass es wohl müssen würde.

Tipp: *Traue das nächste Mal deiner Intuition gleich beim ersten Mal und biete lieber einmal zu oft das Töpfchen/Klo an.*

Als Erwachsener verfügst du über viele Jahre der Erfahrung mit dem selbstständigen Ausscheiden. Das Klogehen ist dir so sehr ins Blut übergangen, dass du ihm keine weitere Beachtung mehr schenkst.

Lediglich dann, wenn es mal zwickt oder du in fremder Umgebung dringend nach dem stillen Örtchen suchst und dann vielleicht nicht auf Knopfdruck loslassen kannst, fällt dir auf, wie wichtig eine reibungslose Ausscheidung ist.

Hilf deinem Kind dabei, ebenso erfahren im Umgang mit seinen Ausscheidungen zu werden, wie du es bereits bist. Stärke auch seine Klo-Intuition und respektiere die Privatsphäre in Kombination mit der durch dich noch erforderlichen Unterstützung.

Tipp: *Kleine Kinder wirst du mit fröhlichen Töpfchen-Spielen (Vorlesen, Spielzeuge verwenden, gemeinsam singen) bei Laune halten können, während große Kinder eher dazu tendieren, ins Lesen oder Anschauen von Büchern versunken ihre eigene Art der Tiefenentspannung zu praktizieren.*

Überleg bei dieser Gelegenheit doch auch mal, was dich besonders gut entspannen lässt und was auf der Toilette eher hinderlich ist.

Und wenn's plötzlich nicht mehr klappt?

Auch dem größten Gewinner kann ein Rückschlag ins Haus stehen, wenn das mit dem bereits so erfolgreich praktizierten Klogehen auf einmal nicht mehr funktioniert.

Kranke Kinder zum Beispiel können partiell die Kontrolle über ihre Blase verlieren und pieseln dann, etwa im Fiebertraum (in dem sie vom Pinkeln träumen), ins Bett, obwohl sie schon längere Zeit trocken waren.

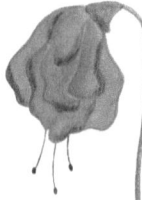

Fachinfo für dich: Dies ist auch als Schutzfunktion des Körpers zu betrachten, „kranke" Flüssigkeit loszuwerden, ohne auf aktive Beteiligung des Kindes angewiesen zu sein. Auch eine leichte Blasenentzündung ist denkbar, die sich durch häufigeren Harndrang bemerkbar macht.

In jedem Krankheitsfall gilt: ausreichend trinken, um Krankheitserreger auszuschwemmen und den durch Fieber erhöhten Flüssigkeitsbedarf des Körpers auszugleichen.

Aber auch gesunde Kinder können, obwohl schon alles in Butter war, Rückschläge in Sachen Klo-Bereitschaft erleben. Dein Kind durchschreitet auf dem Weg ins Erwachsenwerden verschiedene Entwicklungsstufen, und nicht immer hat die Ausscheidung eine hohe Priorität.

Bei Kleinkindern kann man sehr gut beobachten, wie es Phasen des aktiven und wenig aktiven Ausscheidens gibt, in denen bereits geübte Klogeher quasi über Nacht fast ständig in die Hose pieseln.

 Tipp: *Dies legt sich wieder, und meist ist der Spuk so rasch vorüber, wie er gekommen ist.*

Letztlich hängt, vor allem nachts, auch die Hormonproduktion deines Kindes mit einem zuverlässigen Trockensein zusammen. Sollte sich daher herausstellen, dass dein Kind diesbezüglich noch nicht ausgereift ist, so hilf ihm, durch dein Einbau von Schutzmaßnahmen (Bettschutz, Wäscheschutz), dennoch trocken schlafen zu können.

Tipp: *Nach dem Aufstehen wäre es auf jeden Fall gut, sofort ein Töpfchen in Reichweite zu haben oder in Sekundenschnelle auf dem Klo zu sein.*

Spezialfall getrennte Schlafräume

Dein Schlafzimmer ist meilenweit entfernt und dein Kind kann seinem dringenden Bedürfnis nach dem Aufwachen daher nicht wie gewünscht nachgehen?

Tipp: *Eventuell gibt es eine Möglichkeit für dich, zumindest für die Übergangszeit dein Bettlager im Kinderzimmer auszubreiten oder das Kind in deine Nähe zu holen. Du hast dann eine Person mehr im Bett oder quartierst deinen Partner temporär auf die Couch aus.*

Wenn du auch nachts nahe bei deinem Kind bist, hast du die Chance, rechtzeitig zu merken, wann dein Kind muss, anstatt dich um die nächtliche bzw. morgendliche Trockenlegung von Kind und Bett zu kümmern.

Übrigens reagieren Mamas durch ihr Ammengehör meist wesentlich rascher als die Papas.

„Also meines war schon mit X Jahren trocken!"

Nicht zuletzt möchten wir dich ermutigen, den richtigen Zeitpunkt zum Trocken- und Sauberwerden deines Kindes selber zu erspüren und dich nicht vom Geschwätz anderer Leute stressen oder verunsichern zu lassen, deren Kinder quasi von Geburt an perfekte Klogänger waren.

Während manche Eltern ihre Babys windelfrei aufwachsen lassen, wickeln andere begeistert viele Jahre. Du wirst den für dich passenden (Mittel-)Weg selber finden und dein Kind, sobald es für dich an der gefühlten Zeit ist, dazu ermutigen, das Töpfchen/Klo zu benutzen.

Auch Rückschläge wirst du einkalkulieren und stets sicher sein, dass es eines Tages klappen wird.

Sei dir einer Sache gewiss: *Auch das Steinzeitkind war nicht über Nacht trocken und sauber, auch hier erforderte der Umgang mit dem eigenen Körper viel Übung und Geschick.*

Fördere dein Kind dabei, beides zu erwerben!

So kann der Abschied von der Windel gut gelingen. Ganz gleich, wann genau dieser sein wird.

Rasche Hilfe

Nun hast du dieses Buch gelesen und vielleicht das ein oder andere bereits wieder vergessen.

Kein Problem! Blättere die einzelnen Kapitel einfach immer wieder von Zeit zu Zeit durch und verweile bei jenen Stellen, die dir gerade am meisten weiterhelfen.

Und wenn sich das gerade nicht ausgeht, weil du als Mutter oder Vater wieder einmal zu wenig Zeit für dich und alles andere hast, findest du hier die Kernaussagen zusammengefasst:

 *Sei selbst aktiv!* Warte nicht auf das Angebot deines Kindes, aufs Töpfchen/Klo zu gehen zu wollen, sondern biete ihm diverse Möglichkeiten an. Zu Hause wie unterwegs.

 *Ritualisiere* gewisse Kloaktivitäten und Klozeiten und bringe deinem Kind so bei, dass es sich auf deine regelmäßige Unterstützung absolut verlassen kann.

 *Erkläre* deinem Kind, wenn du es einmal nicht wie gewohnt unterstützen kannst. Auch sehr kleine Kinder verstehen mehr, als du vielleicht annehmen würdest.

Die Sachbuchreihe zu kindlichen und jugendlichen Spezialthemen

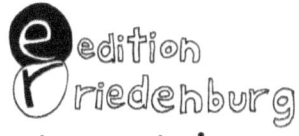

editionriedenburg.at

Hauptautorin: Sigrun Eder

- Band 1: „**Volle Hose**": Einkoten bei Kindern: Prävention und Behandlung
- Band 2: „**Machen wie die Großen**": Toilettenfertigkeiten
- Band 3: „**Nasses Bett?**": Hilfe für Kinder, die nachts einnässen
- Band 4: „**Pauline purzelt wieder**": Hilfe für übergewichtige Kinder
- Band 5: „**Lorenz wehrt sich**": Hilfe für Kinder, die sexuelle Gewalt erlebt haben
- Band 6: „**Jutta juckt's nicht mehr**": Hilfe bei Neurodermitis
- Band 7: „**Konrad, der Konfliktlöser**": Strategien für gewaltloses Streiten
- Band 8: „**Annikas andere Welt**": Hilfe für Kinder psychisch kranker Eltern

Noch mehr Ahnung von Klo und Co mit Lola!

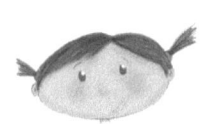

Volle Hose

Einkoten bei Kindern: Prävention und Behandlung

Kacke gehört in das Klo. Jawohl! Trotzdem gibt es Buben und Mädchen, die regelmäßig Kot in der Unterhose absetzen oder Kacke an unpassenden Orten verstecken. Sind die betroffenen Kinder über vier Jahre alt und verfügen sie bereits über die körperlichen Voraussetzungen zur Stuhlkontrolle, dann wird dieses Problem als „Einkoten" bezeichnet.

Das Kindersachbuch „Volle Hose. Einkoten bei Kindern: Prävention und Behandlung" wurde schwerpunktmäßig nach systemischen Ansätzen gestaltet. Es soll Betroffenen, aber auch Medizinern und psychosozialen Professionisten helfen, die Problematik kindgerecht zu bearbeiten und besprechbar zu machen.

Machen wie die Großen

Was Kinder und ihre Eltern über Pipi und Kacke wissen sollen

Kindgerecht und anschaulich werden in diesem Büchlein Pipi und Kacke erklärt – woher und wohin alles kommt und geht – und die Ausscheidungen nehmen endlich einen flüssigen wie festen Platz im Leben der Kinder und auch der Erwachsenen ein.

Es gibt viele Mit-Mach-Seiten für Kinder, zwei interessante Sachgeschichten, ein Klo-Puzzle zum Ausschneiden und Basteln, ein Kack-Tagebuch und natürlich Lolas Klo-Lied „Froh aufs Klo".

Für die Erwachsenen halten die Autorinnen spannende wie hilfreiche Sachinformationen im Eltern-Teil parat.

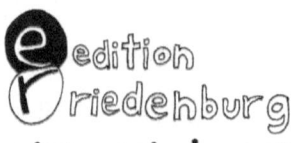 

editionriedenburg.at

 **Nasses Bett? Nino weiß Rat!**

Nasses Bett?

Hilfe für Kinder, die nachts einnässen

Obwohl Bettnässen eine behandlungswürdige Krankheit ist, fällt es meist schwer, darüber zu reden. Damit sich das ändert, gibt es dieses Buch. Kinder und ihre Eltern erfahren, wie sie das Problem mit dem nassen Bett günstig beeinflussen können. Die Mit-Mach-Seiten laden Jungen und Mädchen dazu ein, sich selbst zu Wort zu melden und neue Ideen zu entwickeln. Sachinformationen für Eltern helfen darüber hinaus, einen umfassenden Überblick zum Thema Bettnässen zu erhalten.

Professionelle HelferInnen unterstützt „Nasses Bett?" dabei, Enuresis im psychologischen, psychotherapeutischen und ärztlichen Kontext zu thematisieren.

Nino und die Blumenwiese

Das Bilder-Erzählbuch für Kinder, die nachts einnässen

Nachts wälzt Nino meist trübsinnige Gedanken. Denn während andere schlafen, wird er munter. Und immer wegen demselben peinlichen Missgeschick: dem triefend nassen Bett. Davon hat Nino genug! Erst eine Begegnung im Traumland lässt ihn neuen Mut schöpfen.

„Nino und die Blumenwiese" ist für Kinder, die sich mit nächtlichem Einnässen herumplagen. Es enttabuisiert und hilft, das Problem anzupacken. Die Mit-Mach-Seiten sind dazu da, die eigene Situation aufzuschreiben und Ideen festzuhalten.

Nasses Bett?

EXTRA – Das Mit-Mach-Heft für Kinder, die nachts einnässen

Dieses Mit-Mach-Heft ist extra für dich. Darin findest du ganz viele Fragen. So kannst du alles, was du über das Problem mit dem nassen Bett weißt, aufschreiben und deine persönlichen Antworten und Lösungen finden.

Die Sachbuchreihe für alle Kinder, die einfach noch mehr wissen wollen.

Titel von Caroline Oblasser
(Illustriert von Regina Masaracchia)

editionriedenburg.at

Das große Storchenmalbuch mit Hebamme Maja

Das Kindersachbuch zum Thema Aufklärung, Schwangerschaft, Geburt und Baby

Möchtest du wissen, wie das Babymachen wirklich geht? Dann lass dir von Hebamme Maja erklären, was beim Sex geschieht und wann eine Frau schwanger werden kann.

Was genau in der Schwangerschaft passiert, erzählt dir Hebamme Andrea. Majas Kollegin kümmert sich um Ellen, die ihr drittes Kind erwartet. Kurz nach der Geburt möchte Baby Nina schon etwas essen. Deshalb wird sie von Mama Ellen gestillt. Und weil Babys ganz viel Kuschelzeit haben möchten, tragen Mama und Papa ihre Nina häufig im Tragetuch.

Zusätzlich: „Ich weiß jetzt wie!"-Teil für Kinder mit Anleitung zum Stofftier- und Puppentragen • zahlreiche Suchbilder, Rätsel und Malseiten für eigene Ideen • Familie Sommerfeld zum Ausschneiden und Basteln

Baby Lulu kann es schon!

Das Kindersachbuch zum Thema natürliche Säuglingspflege und windelfreies Baby

Melanie, die Mama des 7-jährigen Lukas, erwartet ein Baby. Zufällig entdeckt sie ein Werbeblättchen der Windelfrei-Gruppe „Po-po-Pur". Obwohl Papa Andi skeptisch ist, was windelfreie Babys angeht, besuchen Mama und Lukas schon vor Babys Geburt ein Windelfrei-Treffen. Dabei erleben sie unter anderem, wie schon ganz kleine Babys Pipi und Kacka ins Töpfchen machen. Als Melanies Baby Leonie dann zu Hause geboren ist, wird auch sie zu einem „Baby Lulu" und darf von Anfang an auf den Topf. Das spart nicht nur Geld, sondern ist auch recht lustig - sogar dann, wenn es mal nicht so toll klappt wie erhofft.

Zusätzlich: „Ich weiß jetzt wie!"-Seiten für Kinder mit Anregungen und kniffligen Fragen * Erwachsenen-Seiten mit weiterführenden Erklärungen zum Thema natürliche Säuglingspflege und windelfreies Baby

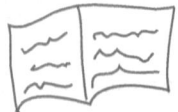

www.editionriedenburg.at

Ausgewählte Titel der edition riedenburg

Buchreihen

Ich weiß jetzt wie! Reihe für Kinder bis ins Schulalter
SOWAS! – Kinder- und Jugend-Spezialsachbuchreihe
Verschiedene Alben für verwaiste Eltern und Geschwister

Einzeltitel

Alle meine Tage – Menstruationskalender
Alle meine Zähne – Zahnkalender für Kinder
Annikas andere Welt – Psychisch kranke Eltern
Aus dem Schmerz in die Freiheit – Missbrauch
Ausgewickelt! So gelingt der Abschied von der Windel
Baby Lulu kann es schon! – Windelfreies Baby
Babymützen selbstgemacht! Ganz einfach ohne Nähen
Besonders wenn sie lacht – Lippen-Kiefer-Gaumenspalte
Bitterzucker – Nierentransplantation
Brüt es aus! Die freie Schwangerschaft
Das doppelte Mäxchen – Zwillinge
Das große Storchenmalbuch mit Hebamme Maja
Das Wolfskind auf der Flucht – Zweiter Weltkrieg
Der Kaiserschnitt hat kein Gesicht – Fotobuch
Diagnose Magenkrebs ... und zurück ins Leben
Die Sonne sucht dich – Foto-Meditation Schwangerschaft
Drei Nummern zu groß – Kleinwuchs
Egal wie klein und zerbrechlich – Erinnerungsalbum
Ein Baby in unserer Mitte – Hausgeburt und Stillen
Finja kriegt das Fläschchen – Für Mamas, die nicht stillen
Frauenkastration – Fachwissen und Frauen-Erfahrungen
Ich war ein Wolfskind aus Königsberg – DDR und BRD
In einer Stadt vor unserer Zeit – Regensburg-Reiseführer
Jutta juckt's nicht mehr – Hilfe bei Neurodermitis
Konrad, der Konfliktlöser – Konfliktfreies Streiten
Lass es raus! Die freie Geburt
Leg dich nieder! Das freie Wochenbett
Lilly ist ein Sternenkind – Verwaiste Geschwister
Lorenz wehrt sich – Sexueller Missbrauch
Luxus Privatgeburt – Hausgeburten in Wort und Bild
Machen wie die Großen – Rund ums Klogehen
Maharishi Good Bye – Tiefenmeditation und die Folgen
Mama und der Kaiserschnitt – Kaiserschnitt
Mamas Bauch wird kugelrund – Aufklärung für Kinder
Manchmal verlässt uns ein Kind – Erinnerungsalbum
Mein Sternenkind – Verwaiste Eltern
Meine Folgeschwangerschaft – Schwanger nach Verlust
Meine Wunschgeburt – Gebären nach Kaiserschnitt
Mit Liebe berühren – Erinnerungsalbum
Mord in der Oper – Bellinis letzter Vorhang
Nasses Bett? – Nächtliches Einnässen
Nino und die Blumenwiese – Nächtliches Einnässen, Bilderbuch
Oma braucht uns – Pflegebedürftige Angehörige
Oma war die Beste! – Trauerfall in der Familie
Papa in den Wolken-Bergen – Verlust eines nahen Angehörigen
Pauline purzelt wieder – Übergewichtige Kinder
Regelschmerz ade! Die freie Menstruation
So klein, und doch so stark! – Extreme Frühgeburt
So leben wir mit Endometriose – Hilfe für betroffene Frauen
Soloschläfer – Erholsamer Mutter-Kind-Schlaf ohne Mann
Still die Badewanne voll! Das freie Säugen
Stille Brüste – Das Fotobuch für die Stillzeit und danach
Tragekinder – Das Kindertragen Kindern erklärt
Und der Klapperstorch kommt doch! – Kinderwunsch
Und wenn du dich getröstet hast – Erinnerungsalbum
Unser Baby kommt zu Hause! – Hausgeburt
Unser Klapperstorch kugelt rum! – Schwangerschaft
Unsere kleine Schwester Nina – Babys erstes Jahr
Volle Hose – Einkoten bei Kindern

Bezug über den (Internet-)Buchhandel in Deutschland, Österreich und der Schweiz.

www.ingramcontent.com/pod-product-compliance
Lightning Source LLC
Chambersburg PA
CBHW020950230426
43666CB00005B/256